한 사람을 떠올리는 것만으로도

세상의 모든 '나'에게

'나'는 누구일까요.

삶이란 바란 적 없음에도 받게 된 선물처럼 느닷없었지만 혼자가 아니란 걸 알리기 위해 인간은 언어를 만들어 냈다고 생각합니다. 어느 여름, 작렬 하는 태양이 녹음을 압박할 때, 횡단보도 건너에 있는 사람들이 내가 서있는 쪽의 신호가 바뀌길 기다리는 모습을 보며 수많은 '나'를 목격했습니다. 그들이 또 다른 '나'로 살고 있음을 여름보다 뜨겁게 느끼는 순간이었습니다.

한 권의 그림책은 나를 비추는 거울이 되고, 세상을 비추는 창이 되었지요. 이 책은 그 거울과 창 사이에서 쓴 기록입니다. 그림책을 읽으며 나를 만나고, 세상을 이해하며, 결국 당신에게 닿았습니다.

비슷한 책, 한 권 더 엮으며 월 2회의 글 약속이 저를 이곳까지 데려왔습니다. 끈기와 깊이 없는 자신을 잘 알기에 지난했던 약속은 기회였고 훈련이었음을 고백합니다.

'드는 생각'과 '하는 생각'의 절벽에서 결국엔 완성도 떨어진 잔망스러운 글이 되었지만 만약, 책에도 자아가 있다면 어떤 자기 색깔을 갖고 있을까 살짝 겁도 납니다.

　무엇보다도 '인생은 해석'이라는 조언이 나이 들수록 완벽하게 발바닥에 달라붙습니다.

　생애 어느 골목을 어설프게 지나가고 있지만 여전히 내 우주의 주인은 온전히 자신임을 새삼 깨닫습니다. 나의 변두리가 당신의 곁을 만나 동그라미를 그릴 수 있다면 더 없이 행복할 것 입니다.

　이제, 나의 세상을 당신께 보냅니다.

2025년 8월 처서 지나

CONTENTS

02 　프롤로그

1부. 다만 당신께로 갈 뿐입니다.

10 　오늘도 일어서는 당신에게 『가드를 올리고』
　　고정순/만만한 책방

15 　생공(生功)합시다 『달은 누구의 것도 아니다』
　　토비리들/김이슬 옮김/책읽는 곰

20 　요란하지 않게 변할 수 있는 힘 『키오스크』
　　아네테 멜레세/김서정 옮김/미래아이

24 　남기고 버리는 것이 없이 『나는 한때』
　　지우/반달

28 　'정의' 말고 '환대' 『샌지와 빵집주인』
　　로빈자네스 글/코키 폴 그림/김중철 옮김/비룡소

32 　착함 사용설명서 『착해야 하나요?』
　　로렌 차일드/장미란 옮김/책 읽는 곰

36 　'다 이루었다' 하신 그분의 말씀 『하루살이입니다』
　　정하섭 글/한아름 그림/우주나무

40 　별은 하늘에 있다 『여우와 별』
　　코랄리 빅포드 스미스/최상희 옮김/사계절

44 　나만 열 수 있는 문 『연이와 버들도령』
　　백희나/책 읽는 곰

48 　죽음과 함께한 '배무남' 씨 『내가 함께 있을게』
　　볼프에를부르흐/김경연 옮김/웅진주니어

세상의 모든 나에게

2부. 일상의 부력

56 호명의 기쁨 『이름 없는 고양이』
다케시타 후미코 글/마치다 나오코 그림/고향옥 옮김/살림

60 모성, 멀고 험한 길 『나는 사자』
경혜원/비룡소

65 부족한 채로 완전한 『나는 강물처럼 말해요』
조던스콧 글/시드니스미스 그림/김지은 옮김/책 읽는 곰

69 내가 사는 것이 나 『아리에트와 그림자들』
마리옹 카디/문학동네

73 소심한 자의 위버멘쉬 『울타리 너머』
마리아 굴레메토바/이순영 옮김/북극곰

78 열네 살의 봄, 나에게 『오직 토끼하고만 나눈 나의 열네 살 이야기』
안나 회글룬드/이유진 옮김/우리학교

82 호모 비아토르(Homo Viator) 『길을 잃었어』
알리체 로르바케르 글/리다 치루포 그림/이승수 옮김/풀빛

87 자기가 자기를 구하는 『너울너울 신바닥이』
신동흔 기획, 글/홍지혜 그림/한솔수북

91 힘닿는 데까지 『다 같은 나무인 줄 알았어』
김선남/그림책 공작소

CONTENTS

3부. 불편한 공감

98 까마귀는 검지 않다 『나는 까마귀』
미우/노란상상

103 내게 강 같은 평화 『커다란 집』
박혜선 글/이수연 그림/한솔수북

107 "꽃을 좋아하세요?" 『꽃을 선물할게』
강경수/창비

112 슬픔을 나누면 슬픈 사람이 두 사람이 된다 『단물고개』
소중애 글/오정택 그림/비룡소

116 가난한 사랑의 노래 『낱말공장나라』
아네스 드 레스트라드 글/발레리아 도캄포 그림/신윤경 옮김

121 불 꺼진 무대에 오를 『그림형제 민담집』
그림형제/김경연 옮김/현암사

126 다시 만날 그대를 위해 『여섯 사람』
데이비드 매키/김중철 옮김/비룡소

130 변함없이 변해가는 존재 『배고픈 거미』
강경수/그림책 공작소

134 인간적으로 『이빨 사냥꾼』
조원희/이야기꽃

4부. 서로에게 연루되어

142   "더 많이 가졌다고 더 멀리 가는 게 아닌 란 걸 알게 되겠지"
『나탈리 포트만의 새로 쓴 우화』
나탈리 포트만 글/재나 마티아 그림/노지양 옮김/개암나무

147   빛나는 별이 아니어도 『변신』
로렌스 데이비드 글/델핀 뒤랑 그림/고정아 옮김/보림

151   사랑, 무해(無害)의 힘 『사랑에 빠진 개구리』
맥스 벨트하우스/이명희 옮김/마루벌

155   본 아뻬띠!(Bon appétit!) 『레스토랑 sal』
소윤경/문학동네

160   삶이여 만세! 『나의 프리다』
앤서니 브라운/공경희 엮음/웅진주니어

164   자기만의 속도 『지각대장 존』
존 버닝햄/박상희 옮김/비룡소

169   서로에게 연루되어 『세 강도』
토니웅게러/양희전 옮김/시공주니어

174   하늘의 언어 『태양으로 날아 간 화살』
푸에블로 인디언 설화/그제럴드 맥더멋 그림/김명숙 옮김/시공주니어

178   진짜 안녕! 『철사 코끼리』
고정순/만만한책방

182   틈에서 씩씩하게 웃었다
『틈만 나면』이순옥/길벗어린이

187   에필로그

1부

다만 당신께로 갈 뿐입니다.

세상의 모든 나에게

오늘도 일어서는 당신에게 『가드를 올리고』
고정순/만만한 책방

생공(生功)합시다 『달은 누구의 것도 아니다』
토비리들/김이슬 옮김/책읽는 곰

요란하지 않게 변할 수 있는 힘 『키오스크』
아네테 멜레세/김서정 옮김/미래아이

남기고 버리는 것이 없이 『나는 한때』
지우/반달

'정의' 말고 '환대' 『샌지와 빵집주인』
로빈자네스 글/코키 폴 그림/김중철 옮김/비룡소

착함 사용설명서 『착해야 하나요?』
로렌 차일드/장미란 옮김/책 읽는 곰

'다 이루었다' 하신 그분의 말씀 『하루살이입니다』
정하섭 글/한아름 그림/우주나무

별은 하늘에 있다 『여우와 별』
코랄리 빅포드 스미스/최상희 옮김/사계절

나만 열 수 있는 문 『연이와 버들도령』
백희나/책 읽는 곰

죽음과 함께한 배무남씨 『내가 함께 있을게』
볼프에를부르흐/김경연 옮김/웅진주니어

오늘도 일어서는 당신에게
『가드를 올리고』 고정순/만만한 책방

누군가 인생이 무엇이냐고 묻는다면 인생은 환난 날의 대환장할 축제 같다고 말할 것이다. 평평한 길은 잠시, 그럭저럭 산을 하나 넘었더니 모래사막이 나오고, 뙤약볕에 모래사막을 지났더니 강이 나타났다. 작은 조각배 만들어 간신히 건너왔더니 이번엔 태평양 같은 길이와 깊이를 가늠할 수 없는 바다가 펼쳐진다. 동분서주하며 바다를 건넜다. 어떻게 건넜는지 기억나지 않지만 죽지 않고 살아 오늘을 보내고 있다. 다시 나타난 태산준령 앞에 호미 한 자루 들고 서 있는 나의 모습을 본다. 감사하게도 그동안 걷고 달리고 헤엄치고 노 저었더니 맷집이 생겨 담담하게 산을 오르고 있다. 좌절하지만 않는다면, 지금 걷고 있는 이 길에서 이탈하지 않고(이탈해도 다시 돌아 와) 멈추지 않는다면 언젠가는 정상에 오를 것이고 내리막길도 있을 거라고 스스로 다독이며 산을 오르고 있다.

"이것이 인생이다"라고 말하고 싶다. 환장하도록 지랄 맞은 날들이 인생의 과정이며 총칭이 아니겠는가.

요즘, 어른을 위한 그림책도 꽤 쏟아지고 있다. 특별히 작가 고정순의 그림책에 마음이 닿는다. 질병과 싸우며 빚어내는 그녀의 작품은 한없이 우울하다가도 마지막에 알맞은 희망 한 올이 내게 닿을 때는 어떤 늠름한 동아줄이 절망에서 주눅 들어 웅크린 나를 건져 올리고 있음이 느껴진다. 『가드를 올리고』도 그랬다. 매번 맞고 쓰러지기 만 하는, 아직은 힘을 발휘하지 못하는 무명 복서(우리)가 온몸으로 우리를 위로하고 있다.

공격하는 검은 주먹과 방어하는 빨간 주먹의 사이에 '산을 오른다.'로 시작하는 첫 문장, 글과 그림이 어울리지 않지만 자연스럽게 읽히는 것은 권투든 산이든 삶을 비유하고 있다는 것을 이심전심으로 공감하고 있기 때문이다. 이런, 빨간 주먹의 펀치는 자꾸 빗나가고 구석으로 몰려, 얼굴을 가리고 싶지만 연타로 들어오는 주먹을 막아내기란 쉽지 않다.

'다른 길로 갈까?'
'그만 내려갈까?'

꿋꿋하게 길을 가다가도 위기가 닥치면 깨지기 십상이고 우리는 또 버터처럼 녹아내리기 쉽기에 좌절이나 실패의 열기에 상한 달걀을 터뜨렸을 때처럼 풀어져버리고 만다. 그렇지만 크고 작은 고통에 굳은살이 생기고, 이런 저런 생의 골짜기를 지나다 보면 말랑말랑함과 동시에 조금씩 단단해진다, 아주 조금씩. 말랑하지만 녹지 않고, 단단하지만 부러지지 않는 유연함이 생긴다. 생의 시간이 가르쳐준 것은 단단한 유연함이다.

'조그만 더 가자.'
'바람이 불 때까지.'

　작가 고정순은 "행복해서 웃고 있는 사람들 사이에서 울지도, 웃지도 못하는 사람이 있다면 내가 그 옆에 있고 싶다고 이야기한 적이 있어요. 그게 아마 제가 그림책을 만드는 이유의 절반쯤은 해당하지 않나 싶어요."라고 알 듯 모를 듯한 인터뷰 기사를 보았다. 한사람에게 보여줄 수 있는 그림책이면 충분하다고 말하는 작가는 대중에게 다가가는 것도 중요하지만 세상에는 분명 소수가 존재하고 개인의 소수성에 자신을 소비하고 싶다고 말한다.
　링 구석에서 가드를 올리고 종이 울리기를 기다리는 억겁의 시간, 두려움의 시간일 것인데 '산 위에는 정말 바람이 불까?' 다시 빨간 주먹은 가드를 올린다. 정신은 살아있어 쓰러지더라도 다시 가드를 올리고 세상 앞에서 일어서는 우리 얘기다. 간혹 흘리는 눈물로 자신의 하루를 규정짓지 말라고 빨간 주먹이 속삭인다. 삶이 계속되는 한 바람은 불어 줄 것이고, 쓰러졌다 해도 일어서는 법을 잘 아는 우리는 다시 정면을 응시할 거라고.
　난독증과 심각한 학습 장애, 화실비용 대신 청소를 해주며 오후반 수업을 들었던 직업학교 시절, 생활비를 벌기 위해 했던 오만가지 아르바이트와 난방시설이 없거나 싱크대 옆에 변기가 붙어 있는 작업실을 전전한 20대. 불행은 그녀를 놓아주지 않고 서른이 되기도 전에 중증의 '다발성통증증후군' 진단을 받게 된다. 붓을 손에 동여매고 그림을 그렸고 빚을 갚으려고 홍대 골목을 돌며 그림을 팔았다. 어렵사리 계약해 준비하던 책은 인쇄를 앞두고 출판사의 일방적인 통보로 엎어졌고 데뷔까지 12년이 걸렸다고 한다.

작품 속에서 내내 얻어맞기만 하던 빨간 주먹은 겨우 일어나 만신창이가 된 얼굴로 희미하게 웃는다. 기묘하게도 울어 마땅한 작가자신과 자신이 만든 주인공들을 기어코 웃게 만든다. 자꾸만 쓰러지는 사람이 자꾸만 일어나 웃는다. 고단한 내력을 가지고 세상에 없는 웃음을 짓는 주인공은 작가의 다른 얼굴이었다.

무명의 복서가 갖고 있는 견딤의 묵직한 힘은 뭐든 할 수 있다는 막연함에서 오는 어설픈 감상이 아니다. 결여와 결핍, 부족함이 있다는 것을 인정하고 자신의 한계를 그으며 제한된 환경에서 할 수 있는 일, 환경을 이용하는 방법을 찾는 것이다. 얻어맞기만 할 때는 링의 모퉁이를 찾아 가드를 올리고 있는 것처럼. 살면서 단념과 체념은 실패의 한 조각이 아니라 범위를 좁혀 자기를 벼리는 일이다. 뭉근한 시간을 견뎌내며 자기를 숙성시켜 가는 자기애의 힘은 단념과 체념의 냉정함에서 온다.

좋은 설계자는 물질과 환경을 자신의 엄격한 계획에 복종 시키고, 믿음이란 자신을 신께 의탁하고 할 수 있는 가능성의 링 위에 올려 싸우도록 하는 것이다.

고수는 아무도 모르는 일을 행하거나 어려운 일을 쉽게 하는 묘기를 부리는 자가 아니라 누구나 아는 일을 자연스럽게 행하는 자가 아니겠는가. 숨을 참고 가드를 올리는 일 같은.

오늘도 어김없이 쓰러진 당신과 나, 자신의 삶으로부터 도망치지 않는 우리는 지금, 한없이 자기다워지고 있다.

생공(生功)합시다
『달은 누구의 것도 아니다』 토비아들 글 그림/김이슬 옮김/책읽는곰

"안녕하세요, 세상의 모든 음악 전기현입니다."로 시작하는 저녁, 라디오 클래식 채널에서 나오는 방송을 좋아한다. 언제나 눅눅한 저녁, 고단함과 쓸쓸함 위에 얇은 크림을 얹어 시나몬 가루를 입힌 크림 라떼를 선물 받는 기분을 느낄 수 있는 유일한 시간이다. 주로 혼자 있을 때 백색소음으로 틀어놓고 글을 쓰거나 책을 읽는다. 또 방송을 듣다보면 괜히 오늘, 나 고생했구나, 애써서 살아냈구나 하고 스스로 장하다는 생각이 들어서 특히 좋다.

고단했던 날들이 크루아상에 층을 낸 페이스트리처럼 쌓여 더 이상 일상의 단맛을 잃어 공허할 때 영화를 보거나 한적한 곳을 찾아 걷는다. 삶에 묻은 불편한 감정을 털어내고 나면 조금이라도 괜찮은 사람이 된 것 같아 명랑해진 기분으로 돌아온다.

작품 속에 등장하는 두 마리의 동물은 도시 생활자다. 도시에 살고 있지만 한 번도 도시의 환대를 받아보지 못한 이방인으로 살아 왔다. 그들에게 도시는 "생존의 최전선"이지만 도시라는 공간은 아무것도 없는 존재에게는 비정하기만 하다.

여우 클라이브는 도시에 적응하기 위해 스스로 이름도 바꿨다. 도시에서 훌륭하게 살아내는 몇 안 되는 야생동물 중 하나다. 자신이

무엇을 만드는지도 모른 채 부품만 조립하는 일을 하고 퇴근하면 좀 더 여우다워 지는데 집 근처를 어슬렁거리거나 흥미로운 곳을 찾아 기웃거린다. 도시생활에 젖어보려고 부단히 노력하면서 소멸되어 가는 야생성 따위는 이제 잊어버리고 싶다. 가끔 공허하고 채워지지 않는 심장소리가 들리지만 못들은 체 한다.

집으로 돌아오면 고흐의 〈삼나무가 있는 밀밭〉그림이 걸린 벽 아래 일인용 소파에 앉아 쉬는 게 즐거움이다. 그에게는 유일한 친구 당나귀 험프리가 있다. 험프리는 도시에 정착하지 못하고 떠돌아다닐 때가 많다. 아르바이트를 하지만 금세 그만두거나 최근에는 피아노를 옮기는 일을 했다.

어느 날, 여우와 당나귀는 나폴레옹 정복자의 동상이 있는 공원에서 만나기로 한다. 험프리는 제대로 먹지도, 쉬지도 못한 얼굴로 동상에 붙어있는 라틴어 'AD. ASTRA PER. ASPERA(고난을 넘어 별을 향해)' 밑에 쭈그리고 앉아있다.

클라이브는 험프리의 가방에서 우연히 주웠다는 초대장을 발견하고 함께 공연을 보러간다. 특별석 초대장의 〈달은 누구의 것도 아니다〉 공연을 함께 관람하고 자신들도 도시 속에 살아가는 존재임을 느끼며 처음으로 도시의 '안'으로 초대받는 기분을 만끽한다. 공연 전에 제공되는 근사한 전채요리와 식전주를 즐기고 공연 후에 레스토랑에서 좋아하는 음료와 커다란 케이크도 한 조각씩 먹을 수 있었다. 험프리는 공연을 보면서 한번, 케이크 앞에서 또 한 번 눈물을 흘렸다.

행운처럼 그들에게 찾아온 도시의 환대, 자신을 낳아 준 고향을 떠나 정착한 도시에서의 따뜻함을 느끼는 순간에 험프리가 감격으로 눈물을 흘리다니. 그의 외로움과 고군분투가 내게도 전해져 뭉클해진다.

평소 자신이 이 세계와 혹은 이런 도심과 어울리는 사람이 아닌 것 같으며 존재의 쓸쓸함으로 집에 가기 싫어지고 어딘가를 배회하고 싶다면 필시 당신은 직립보행을 시작한 여우나 당나귀일 것이다. 잦은 실수로 웃음거리가 되고 자신도 모르는 자조 섞인 '아, 난 왜 이러는 걸까'라며 스스로를 비웃는 다면 더욱 그렇다.

새벽에 잠이 깨어 귀에 걸린 적막을 떼어내려고 침을 삼키거나 물을 마시지만 우주에 남은 최후의 인류가 된 것 같은 착각이 있다면 정신병도, 갱년기도 아니다. 당신은 지금의 일상에 몹시 탈진해 있는 것이다. 도시 생활자로 위로와 격려가 필요한 시간이다.

여우와 당나귀, 그들은 최선의 일상을 살아가고 있다. 시대에 뒤처지는 존재들이지만 삶의 가치는 돈이나 명예, 지위에 있지 않고 품위를 지키는 것에 있다는 것을 이들은 알고 있다. 쓸쓸할지언정 도시에서 물러나지 않는다. 지리멸렬하더라도 오늘의 삶을 살아내고 마는 '생공(生功)자'다. '달은 누구의 것도 아니다'는 '도시는 우리의 것이다'로 해석할 수 있다.

도시는 특정한 사람들만의 것도, 부자들이나 그곳의 원주민들의 것이 아니며 동시에 누구든지 꿈을 이루고 정성으로 살아가는 사람들의 공간이기도 하다. 당나귀 험프리의 눈물은 도시에서 적응하지 못하고 떠돌고 있어도 '나는 소중하다'를 공연과 빛나는 저녁 한 끼에서 느낀 감회가 아니었을까. '너는 여기 있어도 되는 사람이야', '너도 도시의 일부'라고 위로 받은 것은 아닐까.

딸이 서울에서 생활한지 10년이 다 되어간다. 서울의 집값, 갖가지 소란들과 무정해 보이는 빌딩들, 부익부 빈익빈의 대물림과 생활차이로 상대적 박탈감을 느낄 때가 있다고 한다. 가끔 언제까지 서울에 살 수 있을까 불안하다는 딸의 마음이 작품을 읽으며 절절하게 다가온다.

도시의 알 수 없는 부품으로 살아도 자신의 존재가 하찮지 않다는 것을 알고 있겠지만 그럼에도 지금까지 잘해왔다고, '있음'의 존대로도 충분히 살아갈 수 있는 가치로움이 자기 안에 있음을 말해주고 싶다.

도시의 불빛세례를 받으며 "여기는 우리 도시야"라고 말하는 험프리의 외침이 절규가 아닌 소망으로 읽히는 것은 지구별에 사는 우리 모두는 더불어 살아가는 존재이기 때문일 것이다.

각자의 사정이 녹록하지 않지만 자기자리에서 삶을 개척해나가는 행위는 자신을 아름답게 가꾸는 일임을 우리는 또한 알고 있다. 사막과도 같은 생활에 친구 한 사람, 연극 한편, 가끔의 외출이 주는 위로와 신선한 공기는 다시 일어 설 힘을 주곤 한다.

마지막으로 나눈 그들의 포옹은 무례하고 건조한 사회생활에 아무 것도 없을지라도 영혼을 일으켜 기계의 부품 같은 일상, 허무하고 먼지 같은 시간이라도 괜찮다고 서로를 다독이고 있다. 시지포스처럼 반복되는 노동과 성과 없는 삶의 바위 굴리기가 계속되더라도, 생의 부조리로 가득 할 지라도, 그 안에서 의미를 찾아낼 수 있는 존재라는 것을 잊지 말기를 여우와 당나귀에게 뿐만 아니라 당신에게도 말해주고 싶다.

요란하지 않게 변할 수 있는 힘
『키오스크』아네테 멜레세/김서정 옮김/미래아이

공원 입구에서 작은 찻집을 하는 자매를 알고 있다. 동생은 아침 8시에 나와서 커피와 음료를 팔고 언니는 12시에 출근해 한창 바쁜 점심시간에 함께 일하다가 동생은 2시쯤 퇴근한다. 언니는 오후 손님을 받고 특별한 일이 없으면 대략 6시 넘으면 찻집을 닫는다. 이런 루틴은 1년에 363일 동안 계속된다. 자매는 생긴 건 다르지만 어찌나 기질이 닮았는지 명절날 외에 쉬어본 적이 없고, 쉬고 싶지도 않다. 오래전에 하루 문 닫고 쉰 적이 있는데 마음이 너무 불편하고 힘들었단다. 그 후로 몸이 아프지 않는 이상 문을 열고 손님에게 차를 판다. 놀러가고 싶지 않냐 는 말에 두 자매는 거의 동시에 공원 안에 사계절이 다 있고, 딱히 가고 싶은 곳도 없고, 여행도 좋아하지 않으니 길고양이 집사 노릇에 만족하고 매일 찾아오는 단골들이 있는데 굳이 문을 닫아야 하냐고 도리어 내게 묻는다.

『키오스크』의 올가도 몸에 꼭 맞는 키오스크 밖을 나가본 적이 없다. 그도 그럴 것이 키오스크 안에는 없는 게 없이 생활에 필요한 거의 모든 것과 세면대까지 갖춘 공간이다. 가끔 키오스크를 벗어나고 싶을 때면 여행 잡지를 읽는다. 석양이 황홀한 먼 바다를 꿈꾸는 그녀를 밖에서 볼 때는 갇혀 있는 것처럼 보이지만 빳빳한 표지를 넘기면 올가의 세상이 환하게 다가온다. 보이는 것만으로 판단한다면 경솔한 독자다. 마음을 가지런히 모으고 자세히 들여다보면 아기자기하고 없는 게 없는 그녀의 세상이 성큼 달려든다.

올가는 세심한 사람이어서 키오스크 안에서 다정한 시선으로 지나는 사람을 살핀다. 누가 몇 시에 지나가는지, 운동하는 남자가 데리고 다니는 애완동물의 습관을 알고, 실연만 당하는 여성에게 도움이 되는 잡지를 갖다 놓는 등 지나는 사람에게 필요한 것을 판매한다. 올가는 자기 삶에 대체로 만족했고 밝은 표정이었으며 여행 잡지를 보는 것으로 대신해도 될 만큼 키오스크를 떠나고 싶어 하지 않는 사람이다. 내가 보기엔 그랬다.

작은 찻집을 운영하며 그곳을 벗어날 줄 모르는 두 자매가 이해되지 않았었다. 하루에 한번, 혹은 두 번 씩 들락거리던 어느 날, 출근하자마자 사무실보다 찻집에 먼저 들러 커피를 받아오는 나를 발견한다. 어느새 매일 자매와 말을 섞기 위해, 생명수 같은 커피를 받기 위해, 길고양이 안부가 내 시간과 교집합이 되고 영혼의 발전기를 돌리기 위한 에너지를 작은 찻집, 여린 여주인, 무심한 길고양이에서 이미 얻고 있었다. 그녀의 병적인 성실함이 누군가의 하루를 시작하게 하는 힘이었음을 깨달은 뒤로 찻집은 성소가 되었다. 게다가 내 취향을 알고 한 샷을 더 추가해서 커피를 내려준다. 추가 요금 없이!

그러니 올가의 일도 남의 일 같지 않게 다가온다. 그녀의 표정, 통통한 손, 눈웃음·······.

하지만 삶은 날씨처럼 하루도 같은 날이 없다. 어느 날, 키오스크가 뒤집혀 버린 것이다. 올가의 당황한 모습이 보이고 엉거주춤 키오스크를 쓴 채 간신히 일어나는데 키오스크가 올가의 몸에 딱 맞을 줄이야! 이제 올가는 결정해야 한다. 예전처럼 키오스크를 정리하고 손님을 맞을지 아니면 키오스크를 쓴 채로 어디론가 걸어가야 할지. 나의 예상은 빗나가고 올가가 키오스크를 뒤집어쓰고 천천히 걷기 시작한다.

 새로운 출발을 하려면 새벽치성을 드리거나 조언을 듣거나 통장 잔고를 살피고, 아니면 마음의 준비라도 해야 할 것인데 기회가 왔을 때(그것이 위기라도) 서슴없이 새로운 세상을 향해 첫발을 떼는 그녀의 용기가 경이로웠다. 대개의 경우 쇄신을 위한 첫 번째 행동으로 단점을 제거하거나 보완한다. 해야 할 리스트를 적고 점검표를 만든 다음 자신을 그곳에 넣고 통제하며 긍정 만랩이 될 만한 것들에 밑줄도 긋고, 하루하루 성취감으로 소금씩 자신을 길들이고 바꿔간다. 하지만 올가는 있는 모습, 스스로 나무라거나 버릴 것은 버리라고 재촉하지 않고 있는 그대로 떠난다. 올가가 도착한 곳은 어디일까.

 그곳이 어디든지 특유의 밝은 모습으로 여전한 키오스크 안에서 야무진 눈썰미로 단골을 만들고 저녁이 되면 석양이 울긋불긋해지는 수평선을 바라보며 과자봉지를 뜯고 있을 것이다. 니체가 '춤추는 별을 잉태하려면 반드시 스스로의 내면에 혼돈을 지녀야 한다.'(『차라투스트라는 이렇게 말했다』중에서)고 했다지만 우리의 매일 쓰는 일기조차 Ctrl-c, Ctrl-v로 도배가 되도록 하루는 평범하고 기계적이다. 하지만 생의 변곡점이 찾아 왔을 때 그것에 몸을 맡기고 자연스럽게 자신을 떠미는 힘, 그것이 자신을 사랑하는 일이겠다. 타자의 몇 마디에 자신을 바꾸고, 고치고 스스로 담금질하며 자신을 괴롭힐 필요는 없다. 어떤 누구도 당신의 가치를 결정해 주거나 훼손 할 수 없다. 우리는 있는 그대로, 그런대로 괜찮다. 그렇게 살다가 기회가 된다면 자연스럽게 신의 은총이려니 생각하고 떠밀리듯 툭툭, 앉았던 그곳을 떠나는 것이다.

남기고 버리는 것이 없이
『나는 한때』 지우/반달

"나는 한때 새싹이었고,
껌과 친구가 되기도 했고
망아지였다가 커튼이기도 했어.
어느 날은 슬픔이었고, 어느 때는 고삐였다가
여행을 떠나 이상한 곳에 도착하기도 했어."

고대 로마공화정 말기의 시인 호라티우스는 '세월의 흐름과 함께 우리가 가진 것들도 하나하나 사라진다.'고 했다. 반은 맞고 반은 틀린데 살과 질병, 주름살, 더불어 꼰대 짓은 붙고 젊음과 생기와 근육은 사라진다, 아니 사라져가고 있다. 어떤 이는 노화는 생명을 조금씩 빼앗아 가는 것이므로 절대자의 은총을 배우는 것이라고, 어떤 가수는 늙어가는 말이 싫었는지 '익어간다'라는 말로 나이 듦을 표현하며 불꽃을 다해가는 각자의 시간을 위로한다.

인생은 우리에게 해석하는 힘을 준다. 나이는 계단 앞에서 한 발 한 발 자기발로 걸어야 하듯이 평등하게 다가오고, 경험이 퇴적되고 관계의 밀당이 경력직처럼 노련해질 때 우리는 삶에 대해 해석하는 힘줄이 생긴다. 나이가 주는 다른 세계다.

밤하늘의 별처럼 세상에 박혀 살아가는 우리, 같음과 다름의 영역을 서로 조금씩 잠식하고 비교, 경쟁하며 우열을 나누고 희비가 엇갈리는 순간을 살면서 깨닫는다. 날 때부터 타고난 능력과 외모와 조건이 남들과 다른 것의 한계를 안고 뼈를 깎는 노력으로 만회해 보지만 쉽지 않다는 것을, 이 때 신의 은총이 필요하다. 내 삶에 대한 신의 은총을 생각하면 세상에 하나 밖에 없는 나를 보게 된다. 세상의 판단과 가치가 나의 유일무이한 존재를 넘어서지 못함을 신의 은총을 통해 알게 된다.

위의 문장은 '머리카락'을 빗대어 한 말이다. 작품 『나는 한때』는 우리의 생을 머리카락에 기대어 새롭게 해석한다. 신생아 머리에 새싹처럼 돋은 머리카락은 한번쯤 껌이 붙어 잘라낸 기억이 있을 것이다. 머리카락은 멋을 부리기 전엔 망아지 꼬리처럼 얌전하게 묶여 있었고, 사춘기 때는 세상이 보기 싫어 눈을 머리카락으로 가리고 다녔을 것이다.

한 친구가 생각난다. 방학식 하는 날, 미용실에 거금을 주고 개나리 색깔로 머리카락을 바꾸고 지내다 개학 일주일 전에 원래의 머리카락으로 돌아오던 친구. 그때, 나는 게으르고 용기도 없어 부러움에 쳐다보기만 했는데 또, 그녀는 '왜?'라는 말을 입에 늘 붙이고 다녀서 더욱 멋져 보이던 친구였다.

작가의 말처럼 머리카락은 어느 때는 불타고 노을 지고, 터지기도 하면서 심란한 날에는 머리카락에다 화풀이를 하거나 변화를 준다. 자존심 같던 머리카락은 어느 순간 강제로 빡빡머리가 되었다가, 간절한 바람으로 단정한 2:8 가르마라도 좋으니 일어나면 머리 빗고 갈 곳이 있었으면 하는 소망이 생기는 때도 있다. 어울리지 않는 헤어스타일 때문에 빨리 머리카락이 자라기를 바라던 시간도 있었고 바라던 대로 시간이 지나면 모든 것이 리셋 되어 머리카락에 작은 변화라도 주는 날이면 온몸에서 상큼한 향기가 나는 것 같이 들뜨기도 했다.

머리카락은 손톱이나 발톱처럼 '순환'의 이미지로 환기되고 나이는 처음과 끝이 있어 '곧음'이미지로, 끝으로 가는 간명한 결론의 몸에 멈추지 않고 자라는 것이 있다는 게 가끔은 놀랍다. 결국 삶의 의미란, 변화를 피하려 하지 않고 받아들이는 데 있는지도 모르겠다. 머리카락이 검을 때의 나, 흰머리가 섞일 때의 나, 빠져가는 머리카락을 가진 나, 변함 속에서 사라지는 것만 있는 게 아니라 소소한 일상의 시간들이 쌓여 나를 만들어가는 것임을, 사는 게 다 거기서 거기 어디쯤에서 제대로 볼 줄 아는 나를 만나게 된다.

이제 조금 알 것 같다. 살면서 '좋은 일' '나쁜 일'이 명확하게 있지 않다는 것을. 좋아 보이는 일이 인생을 망치기도 하고, 나쁘게 여겨졌던 일이 뜻밖의 결과를 가져다주기도 한다. 좋은 것을 달라고, 좋은 일이 생기길 바란다고 열망하지만 좋은 일, 나쁜 일, 일상을 여전하게 하는 힘은 따로 있는 게 아니다. 성서 속, 바울사도가 "내가 어떤 상황에서든지 자족 할 수 있는 일체의 비결을 배웠다"고 말할 수 있는 것은 마음의 참 평화와 평정심을 잃지 않았기 때문이다. 메타인지를 갖고 자신을 바라볼 수 있는 나이가 된다는 것이 떨어지는 별똥 별을 직관하는 신비한 일처럼 느껴진다.

  시간이 흐르고 이제 숱이 적어져 탈모가 되고 머리카락은 하수구를 막는다. 무엇을 위해 살았는지, 살고 있는지 돌아 볼 틈 없이 생은 '나는 한때'로 집약될 나이가 되었다.

  사느라 정신없어 언제 들이닥칠지 모르는 죽음을 생각하지 못하거나, 죽음을 생각하느라 지금 여기, 내가 여전히 살아 있다는 것을 망각한다. 오히려 나이 듦을 받아들이는 힘은 오늘을 살아가는 정신에 있다. 거창한 시대정신이 아니고 오늘의 정신.

  별수 없이 다시 '오늘'이라는 시간 앞으로 돌아왔다. '오늘'은 성서 속, 유대민족이 40년 동안 광야에 머무를 때 매일 신에게 받았던 '만나'같다. 먹을 것이 없는 광야에 매일 내려주어 꼭 하루만 먹게 했다는 양식이다. 내일도 먹겠다고 욕심 부려 남겨두면 다음 날 상해서 먹지 못했다고 한다. '오늘'이라는 시간이 그렇다. 남기도 버리는 것 없이 의미 있게 써야하는 것이 '오늘'이다.

  '수처작주 입처개진(隨處作主 立處皆眞)'이란 말을 좋아한다. 어디에 있는지 주인이 되어 자신의 태도와 행동을 주관하고 책임질 것을 요구함과 동시에 주인으로 서 있는 그곳이 바로 진리의 자리라고 말씀하시는 것이다. 하늘의 별처럼 수많은 사람이 있다. 같지만 모두 다르기에 나만의 삶을 개척하며 살 수 있다. 남이 가지 않은 길을 갈 수도 있고, 남이 간 길을 따라 갈 수도 있지만 모든 것은 내가 결정한다. 내 인생은 내가 주인이므로 내가 책임진다. 우리 그러기로 하자.

'정의' 말고 '환대'
『샌지와 빵집주인』 로빈자네스 글/코키 폴 그림/김중철 옮김/비룡소

필요한 것이 있으면 가까운 동네 마트나 재래시장을 이용한다. 대형 매장은 불필요한 것을 사게 되고 물욕이 자꾸만 생겨서 언제부터인가 피하게 되었다. 더구나 가까운 마트에 비해 두 배 이상 시간이 소요되고 이런 시간이 아깝기 때문에 장 볼 게 많이 있어도 재래시장이 좋다. 아이들과 누비던 추억이 생각나서 좋고 함께 먹던 어묵과 꽈배기 집이 있어 정겨운 마음으로 산책하듯이 찾는다.

한번은 시장에서 다툼을 보았다. 장사하시는 중년 할머니와 비슷한 또래 여성 사이에서 벌어진 일인데 물건값을 물어보고 만져보다가 그냥 가려니까 상인이 버럭 화를 낸 것이다. 사지도 않으면서 가격을 왜 물어보고 만져봤냐고. 받아치는 여성도 만만찮다. 그런 것도 안 물어보고 어떻게 사냐고 응수하고 언성이 서로 높아졌다. 한참을 볼멘소리 하던 상인이 그만 가라고 냅다 소리를 지르니 싸우던 여성도 지지 않고 소리를 지르더니 휙 가버린다.

상대방에 입장에서 생각하는 것은 어렵다. 내가 내 사정을 제대로 알고 밝히기도 어려운 시간을 살아가고 있는 현대인에게 타인까지 배려하라는 게 무리한 요구 일수도 있다.

『샌지와 빵집주인』에 등장하는 빵집 주인은 여행객으로 자신의 집에 머물고 있는 샌지에게 빵 냄새를 맡은 값을 내라며 벌어지는 소동

을 담은 이야기다.

　샌지는 세계 곳곳을 누비며 시간을 보내는 여행자다. 그는 사막 한 가운데도 가보고, 화려한 도시에서도 머물렀고 여러 나라를 여행하며 신기한 경험을 한 사람이다. 그가 맡은 빵 냄새는 경험상 사람의 코를 자극하는 것 이상의 의미였을지도 모른다. 돈이 없는 샌지는 빵집가게에서 작은 계피빵 하나만을 사고 향기로움에 빠져 급기야 냄새를 모으는 기계를 만들어 빵 냄새를 더 많이 맡기로 한다. 어느 날, 이 광경을 본 빵집 주인은 빵 냄새 맡은 값을 내놓으라고 억지를 부리기에 이른 것이다.

　억지는 맞는데 왜 빵집 주인이 이해가 되는 것일까. 토론 수업 중에도 빵집주인의 편을 들어주는 아이들이 더러 있다. 샌지의 얄미움은 법으로 처벌이 안 되는 거냐며 샌지의 행동을 비판하는 아이도 있었다. 줄거리 정황상 빵이 잘 팔리는 것도 아닌 것 같은데 작은 빵 하나만 사고 집에 가서 창문을 열고 냄새 맡는 기계로 빵집에서 올라오는 냄새를 훔치다(?)니, 이런 행동은 빵집 주인의 화를 돋우는 것이므로 도덕적인 반성해야 한단다. 한 아이는 빵 냄새 맡는 기계를 만드는 비용으로 차라리 빵을 사서 먹는 게 더 좋은 선택이 아니냐고 되묻는다.

　생각하건데 빵집주인은 새벽부터 나와서 반죽하고 아궁이에 불을 때며 발효의 시간을 기다려 열심히 빵을 만들었을 것이다. 그림에 나와 있지 않아서 빵이 잘 팔리는지는 알 수 없다. 아마도 노력에 비해 대가가 원하는 만큼 주어지지 않는다고 평소에 생각했던 것 같다. 그리고 자신은 새벽부터 늦게까지 일하느라 '여행'은 꿈도 못 꾸는데 샌지는 빈손으로라도 척척 여행을 하고 있으니 심술이 나지 않았을까.

요즘 빵집 주인처럼 무언가 매일 하는데 성과가 없는 것 같아 열등감이 생기는 중이다. 게으르게 사는 것도 아니고 과한 욕심으로 남을 해치는 것도 아닌데 공허하고, 작은 일에 화가 나기도 한다. 뭔가 잘 나가는(?) 친구를 볼 때 축하의 마음보다 시기심이 한발 앞서는 심보가 꼭 빵집 주인을 닮았다.

아무튼 법리적인 해석만 하자면 샌지가 억울하다. 이 어처구니없는 다툼으로 두 사람은 법정까지 가게 된다. 나는 또 아줌마 걱정이 앞서서 재판비용은 누가 부담하나, 재판에서 진 빵집주인이 부담하겠구나, 라는 생각으로 마음이 벌써 씁쓸해진다.

피렌체의 평범한 중산층 모직업자에서 시작한 메디치 가문이 약 350년 간 이탈리아와 유럽을 지배 할 수 있었던 것은 사람의 마음을 얻는 법을 알았기 때문이라고 한다. 즉, 언제나 몸을 낮춰 대중의 편에 서고자 했던 결과 최고의 통치자가 되었던 메디치 가문.

노자(老子)의 스승 상용(商容)의 가르침으로 알려진 유약겸하(柔弱謙下)는 부드러움과 겸손이 강함을 이긴다는 의미로 상용이 임종 직전 노자에게 '혀는 남고 이빨은 없어진다.'고 부드러움의 중요성을 강조한 일화에서 비롯되었다. 세월이 흐르고 메디치 가문도 몰락의 길을 가게 되는데 결정적인 이유가 '소통의 부재'였다고 하니 인사가 만사인 게 분명하다.

부드러운 시선과 눈빛은 만국의 공통언어다. 샌지가 빵 냄새가 좋다고 했을 때, 낯선 이방인에게 작은 빵 정도는 대가 없이 내어주는 여유, 빵집주인에게 다정하게 먼저 다가와 인사하는 낮고 따뜻한 한 마디가 있었다면 샌지는 여행 중에 재판관 앞에 까지 가는 일은 없었을 것이고 빵집주인도 팍팍한 일상에 화낼 일이 없었을 것이다.

이런 억울한 얘기를 들을 때마다 정의란 무엇인가 생각하게 되는데 정의도 시대와 사회의 기조에 따라 달라진다. 하지만 미소와 겸손은 진리처럼 우리에게 언제나 반박 없이 정답이다. 빵집주인이 마음의 여유를 갖고 나그네 된 샌지를 환대해 주었더라면 ….

여행을 많이 다녔고 많은 사람을 만나 배려와 이해 속에 있었다면 샌지는 자신이 받은 환대를 빵집주인에게 돌려주어도 좋았을 것이다.

비경쟁 토론으로 즐거운 시간을 아이들과 보내고 재판관 앞에까지 가지 않은 방법에 대해 서로 의견을 나누어 보았다. 아이들의 따뜻하고 유쾌한 대안을 들으며 그럼에도 세상엔 소망으로 가득하단 걸 느낀다. 아이들이 이 땅에 태어나고 자라는 것은 신이 아직 인간을 포기하지 않았다는 뜻이 담겨진 거라 여기며 서쪽 하늘에서 부서지는 노을빛에 '착하게 살고 싶다'고 다짐 한 조각 챙겨 넣었다.

착함 사용설명서
『착해야 하나요?』 로렌 차일드/장미란 옮김/책 읽는 곰

　독일의 철학자 프리드리히 니체는 '착함'을 단순히 도덕 교과서에서 말하는 선량함, 순종, 친절 혹은 남에게 해 끼치지 않음 같은 의미로 긍정하지 않았다. 서양에서 '신'은 완전한 존재였는데 그것에 반기를 들고 신은 죽었다고 했으니 한 때, 그의 말이 신의 목소리처럼 들리기도 했었다. 어릴 땐 이런 그의 도발적 사고나 주장이 좋아서 『선악의 저편』이나 『차라투스트라는 이렇게 말했다』를 이해도 못하면서 겨드랑이에 끼고 다녔다. 니체는 착한 것은 좋은 것이고 이것은 훌륭하다는 동서양의 공통된 주장들에 반기를 들어 '도덕'의 뿌리와 착함이나 도덕이 역사적으로 어떻게 만들어졌고, 길들여졌으며 어떤 힘의 관계에서 탄생했는지 분석했다.
　우리가 흔히 말하는 '착함'을 니체는 노예도덕의 산물이라고 보았다. 힘없는 사람들이 스스로를 방어하기 위해, 강한 자들의 에너지를 '악'으로 낙인찍고, 자신들의 무력함을 '선'으로 포장했다고 주장한다. 또한 그는 '동정심'이 약자를 돕는 것처럼 보이지만 사실은 그들의 의존성을 강화해 더 나약하게 만든다며 이런 의미에서 '착함'이 삶을 고양시키는 힘이 아니라 삶을 소모시키는 방향으로 작동할 수 있다고 보았다.

작품 속 남매는 평범한 가정에서 자라고 있다. 오빠 유진은 '정말 착하디착하지요' 라는 칭찬을 듣는 아들이다. 스스로 착한 일(칭찬받을 일과 등치)을 시키지도 않았는데 하는 아이다. 가장 싫어하는 브로콜리를 먹고 손도 깨끗하게 씻는다. 떼를 쓰거나 코를 후비는 일도 없고 잠자는 시간도 늘 정확하다. 금요일마다 토끼장 청소를 빼먹은 적도 없었고, 보는 사람이 있으나 없으나 늘 한결 같았다. 그런 유진에게 부모님은 착한아이 배지를 달아주며 칭찬한다. 유진은 착한 아이로서 부모님을 실망시키면 안됐고 그것이 늘 부담이었다.

하지만 동생 제시는 유진과 정반대다. 제시는 한 번도 칭찬을 받아본 적이 없고 언젠가부터 친구들의 생일파티에 초대받지도 못했다는 걸 보면 동네 소문난 악동이다. 물론 번갈아 가면서 하기로 했던 토끼장 청소는 43주 째 유진 혼자 치우고 있고 제시는 모른 체하고 있다. 제시는 부모님을 비롯해서 모든 사람이 자기를 나쁜 사람이라고 생각하기에 굳이 착해질 필요를 느끼지 못한다.

유진은 제시의 행동을 보며 자신을 돌아본다. '착한아이가 되어 봤자 좋을 게 뭐람?' 그동안 착해야만 인정받는다고 생각한 유진의 사고에 각성이 찾아온다. 니체의 관점에서 본다면 드디어 노예의 도덕에서 주인의 도덕으로, 자신을 가둔 껍질을 깨고 나오려는 순간이다.

유진의 착한 행동은 자발적이긴 하지만 인정욕구로 인한 결과물로 나타난 것이므로 착하다고 하기엔 순수하지 못한 면이 있음을, 또한 외부 규범에 종속되어 있다고 느끼기 시작했고 착하게 행동하는 것보다 자기답게 행동하고 싶어 하기 시작했다. 어느 날, 유진은 제시처럼 행동한다. 손 씻지 않고 잠자기 전에 간식을 먹거나 양치를 하지 않거나 잠자는 시간을 어기고 늦게까지 놀거나 토끼장 청소도 그만두지만 그 방법은 제시를 흉내 내고 있다.

'착함'은 사실 의무라기보다는 '나는 어떤 인간으로 살고 싶은가'라는 자기물음과 연결된다. 사회적인 관점에서 보자면 '착함'은 타인과 협력하고 신뢰를 쌓는데 매우 중요한 태도로 작용하고 신뢰는 공동체의 기본 요건 중에 하나이며 결국 '착함'은 나 자신이 안전하게 살 수 있는 보호막이 되어준다. 니체 적으로 해석하는 것이 맞는지는 모르겠지만 착한 것은 사람다움의 기본이 아닐까.

유진은 제시처럼 행동하며 조금씩 깨달아 간다. 강해지고 싶은 '나'와 착한 '나'가 충돌하며 착하지만 강함이 무엇인지 고민한다. 지금까지는 오직 부모님의 칭찬을 받기위해 '착한아이'가 되어 싶었다면 이제 유진 본인의 마음이 편한 것을 택할 줄 아는 지혜가 생겼다. 그리고 제시에게도 조언한다. 자신을 괴롭히는 짓은 그만두고 마음이 편한 것을 선택하라고.

착함이 약해지는 순간은 타인의 기대에 끌려 다니며 거절하지 못하거나 자기이익을 포기하면서 모두를 만족시키려 하는 행동이 지나쳐 자신을 해칠 때 착함은 빛을 잃는다.

유진과 제시는 이제 착한 아이도 나쁜 아이도 아닌 스스로를 알아가며 자기에게 맞는 행동과 말하기 위해 노력하는 사람이 되는 것이 더 중요하단 걸 알게 되었다.

유진은 '착함'이 자기긍정에서 나온 것인지 인정욕구에서 나온 것인지 돌아 볼 줄 아는 사람이 되었고 제시는 '제멋대로'가 무책임한 방종인지, 아니면 자기 가치를 창조하는 일인지 생각해 보게 되었다. 참고로 작품의 원제목은 『The Goody』 '착한 척 하기'다.

개인적으로 니체의 말은 불편하다. 그의 생각은 '선악'의 경계선에서 외줄타기 하는 현대사회에 해줄 말이 별로 없어 보인다. 그는 하나의 체계에 종속되는 것을 가장 경계했다. 니체의 말대로라면 우리는 니체이론을 극복해서 더 나은 '착함'으로 진보 할 수 있어야 한다. 그는 도덕의 기원을 해체했지만 우리의 과제는 도덕과 진실성으로 연결되는 지점을 찾는 것에 있다. 진짜 착함은 자유롭고 창조적인 힘에서 나오지만 착한 척은 타인의 평가와 두려움에 매여 있는 상태를 말해준다.

혹, 덜 착한 사람이 되더라도 자신에게 잘해주는 사람이 되었으면 좋겠다. 장담하건데 자신에게 잘해주는 사람은 타인에게도 잘 할 것이다. 내가 정말 착한 것을 원한다면 오롯한 나의 기준으로 친절과 배려할 때, 이것은 단순히 온순함이 아닌 주체적인 힘이기에 니체가 주장한 약자의 도덕도 초월할 수 있다.

'다 이루었다' 하신 그분의 말씀
『하루살이입니다』 정하섭 글/한아름 그림/우주나무

  곡우(穀雨)를 며칠 앞두고 종일 비가 내린다. 빗소리에 잠긴 옛날 생각은 옥수수 찌는 냄새처럼 세상 달콤한 풍미로 다가오기도 하지만 기억의 이면엔 일상의 고단했던 시간이 도깨비바늘처럼 붙어있다.
  나른한 봄날의 오후, 이소라의 'Track9'를 들으며 지난주에 지인들과 함께 읽었던 『하루살이 입니다』를 펼쳤다. 하루만 산다는 생명이 이렇게 찬란할 수 있나. 새삼스럽게 하루살이의 삶이 거룩하게 보인다. 물 밖에서만 하루를 살뿐이지 하루살이의 하루는 물속에서부터 시작된다. 진짜 삶은 기다림과 준비의 시간 속에 있다는 것을 아는 것처럼 하루살이는 작은 물풀 조각이나 이끼를 먹으며 세상에 나갈 준비를 찬찬하게 하고 있었다. 어떤 생명이든 어느 날 갑자기 벼락처럼 탄생하지 않는다. 물론 벼락도 그냥 생기는 것은 아니겠지만.
  하루살이는 숱한 위험 속에서 더러 물고기의 먹이가 되기도 하고 거센 물살에 속절없이 사라지기도 하지만 물속에서 숨 쉬고, 먹고, 숨으며 조금씩 자란다. 허물을 벗으려고 나온 물 밖은 하늘도 반겨주지 않는 것처럼 포식자의 한 끼 식사나 간식으로 생을 마감하기도 하지만 끝내 살아남은 조그만 생명은 어릴 적의 기억을 떨치고 날개를 단다. 목표는 단 하나! 알을 낳기 위해 적들을 피해 무리지어 날아다니며 짝짓기에 목숨을 건 투지의 하루만이 이들 생의 전부다.

"나는 지금 살아갑니다."를 온 몸으로 보여주는 하루살이는 단 하루를 살기 위해 몇 년을 물속 습기를 견디며 오직 알을 낳기 위한 사투에 자신을 던지는 것이다.

'너희 생명이 무엇이냐, 너희는 잠깐 보이다가 없어지는 안개니라' (신약성경 야고보서)라고 인간의 칠팔십년의 삶도 유한하며 덧없음을 성경에도 붙박이장처럼 새겨놓았는데 물리적으로도 가장 짧고 덧없어 보이는 생명이 자신이 왜 태어났는지 명확한 사명을 안 이상 주저하지 않았다. 성충이 된 하루살이는 입이 없거나 극도로 퇴화되어 있는데, 짝짓기를 위한 모든 준비는 물속에서 이미 끝냈으므로 얼마 남지 않은 시간을 먹는 것에 쓸 수 없기 때문이다. 한 벌의 옷과 신발로만 길 떠나는 순례자의 가벼움이 하루살이에게서 느껴진다.

"아아, 물속에 무사히 알을 낳았어요."
"내가 살아서 해야 할 일을 모두 마쳤습니다." (흡사, 예수님 같지 않은가!!)
"나는 운이 좋았어요."
"내 몫의 삶은 여기까지예요"

살아서 해야 할 일을 모두 마쳤다고, 자기는 운이 좋았다고 고백하는 하루살이의 생이 이렇게 빛나 보이다니. 우리는 시간을 '살고' 있는가, '써버리고' 있는가, 자문하게 되는 하루살이 생애다.

『모모』는 독일작가 미하엘 엔데가 집필한 판타지소설로 시간을 빼앗긴 사람들과 이를 되찾으려는 모모의 모험을 통해 삶과 시간, 진정한 행복에 대한 질문을 던진다. 소설 속에 등장하는 '회색신사'는 사람들의 시간을 훔친다. 시간을 절약하라며 조급하게 만들고 진정한 삶의 기쁨을 빼앗긴 사람들은 여유를 잃은 채 인간적인 관계와 행복도 함께 사라진다.

모모가 사람들에게 회색신사들을 물리치고 시간을 되찾아 주는 모습에 시간이라는 보이지 않는 자원을 우리가 얼마나 무심히 소비하고 있는지 알게 되었다.

회색신사는 단순한 악당이 아니라 효율성과 생산성만 강조하는 현대사회를 상징하며 모모의 투쟁은 '시간을 아껴 쓰는 삶'이 아니라 '시간을 온전히 살아내는 삶'을 지향하고 있는 것이다.

내일의 기약이 없는 사람이나 하루 벌어 하루를 사는 사람에게 우리는 흔히 하루살이 인생이라는 말한다. 하루살이의 평생을 알게 된다면 이렇게 치열하고 투지 넘치는 하루살이의 생을 함부로 말하지 못할 것이다. 자신의 소명을 받들어 사는 하루살이 하루가 무덤덤한 우리의 시간에 찬물을 끼얹는 순간이다.

칼 융이 말한 개념 중에 '영원한 소년(puer aeternus)'말이 있다. 끝없는 가능성을 쫓는 인간상, 모든 인간 내면의 원형적 심상을 말하는 것인데 가능성이 열려있는 상태를 본인의 특권이라고 생각하고 우월감을 느끼는 사람이어서 하나를 선택하고 그것에 집중하면 손해라고 생각하는 것이다. 하나를 선택하는 것은 또 다른 가능성이 닫혀버리는 것이기에 지금 내가 눈앞에서 하고 있는 일이 작게 느껴진다. 무한한 가능성과 긍정성으로 볼 수 있지만 현실 도피적이며 성숙과 책임을 회피하는 것이라 할 수 있다.

눈앞에 있는 하나의 현실에 집중하는 것이 '영원한 소년'에서 벗어나 책임 있고 진정한 어른이 되는 길임을 하루살이의 하루를 통해 배운다. 매일 태양이 뜨고 해가 지니 결국 인간도 하루살이처럼 하루를 사는 존재가 될 수 있다는 인식의 전환을 한다면 '지금'을 소중하게 살아낼 수 있다.

하루살이는 '지금 여기'의 삶은 단순한 흐르는 시간의 크로노스에서 신이 주목한 나의 시간, 카이로스의 삶으로 확장하여 영원처럼 살아 낸 소명자의 모습이다. 하여, 신이 허락한 삶의 분량과 시간을 자신을 향한 목적을 깨닫고, 순종과 믿음으로 살았다는 어느 제자의 삶이 하루살이의 하루와 비슷하지 않을까 감히 생각해 본다.

별은 하늘에 있다
『여우와 별』 코랄리 빅포드 스미스/최상희 옮김/사계절

청주로 이사 온 지 대략 16년 되었지만 동문모임이나 동창회엔 한 번도 간 적이 없다. 존재감 없는 이력에 내향적인데다, 낯선 풍경을 어려워하는 성격도 한몫하고 이래저래 사회생활하면서도 친해졌다가는 멀어지는 관계를 반복한다. 타인과 관계가 소원해질 때마다 집 안으로 들여놓은 것이 있었으니 책이다.

사고 버린 책이 수백 권은 족히 될 것이다. 사두기만 하는 소장용 책도 많다. 거실 책장은 정신의 우물가여서 아무 때나 아무 책이나 붙들고 하소연 하듯이 읽어 재끼고는 한다. 책읽기를 크게 적용할 줄도 몰라 그저 조금씩 읽고 조금씩 말이 트이기도 했다. '문학에 눈을 뜨는 것은 회의에 눈뜨는 일이 아닌가.' 했던 어느 소설가의 예언은 적중하여 읽을수록 희망차지지 않았던 것은 소통과 관계의 결핍이 아니었을까.

관계는 단순한 접촉을 넘어 존재를 규정하는 방식이며 서로에게 영향을 끼치고 변화를 만들어내는 힘이라 생각하면 나는 올바른 관계를 맺지 못하고 나이 들었음을 자책할 수밖에 없다.

작품 『여우와 별』을 읽고 나니 옛날 친구들이 생각난다. 다리가 불편했지만 무척 명랑해서 친하게 지내던 친구가 있었는데 어른이 되

어 보니 장애를 갖고 그렇게 밝은 성격으로 살 수 있던 것은 가정이 화목했기에 가능했다는 걸 알았다. 어디선가 좋은 엄마와 여성으로 나이 먹고 있겠지, 막연하게 그녀의 삶을 축복하고 싶어진다.

엄마랑 둘이 살던 친구도 생각난다. 꽤나 진지해서 잘 통했었는데 집안 형편으로 전문계 고등학교에 가면서 멀어졌다. 부잣집 공주님과도 친하게 지냈는데 어느 날, 말도 없이 사라졌다. 떠도는 소문으론 아버지 사업으로 도망갔다고 하던데 한마디 말도 없이 가버린 친구가 서운하기도 했다. 물론 이제 어른의 삶을 아는 어른으로서 충분히 이해한다.

작품 첫 부분에 숲속에 겁이 많은 여우가 혼자라고 하니 괜히 마음이 쓰인다. 그의 유일한 친구는 밤하늘에 별 하나. 여우는 별 덕분에 어두운 밤에도 두려움 없이 숲속을 돌아다닐 수 있었다. 둘만이 아는 오솔길이 생기고 별은 여우를 비추며 행복한 시간을 지내고 여우는 별이 있어 더 이상 외롭지 않았고 다른 친구도 필요 없다고 생각한다.

어느 날, 언제까지나 함께 할 것 같던 절대적인 존재, 별이 떠났다. 여우는 상실감으로 운둔형 외톨이가 되어 자신을 포기한 듯이 먹지도 않고 울기만하다가 벌레의 습격을 받고는 무서움의 밤을 여러 날 보내기도 한다. 그리곤 지금 사는 곳에서는 머물 수 없어 어쩔 수 없이 별을 찾아 떠나야 겠다는 나름의 명분을 만들어 억지로 길을 떠난다.

기독교에서 별은 하나님의 인도하심을 상징한다. 동방박사를 아기

예수가 있는 베들레헴까지 이끈 '동방의 별'은 그리스도의 출현을 알리는 하늘의 표적이었다. 여우에게 별은 유일한 친구이자 삶의 빛이며 길잡이, 신의 인도하심이었을 것이다. 그런 절대적인 존재가 없어진 것이다. 별이 사라진 것의 의미는 이제 광야의 시간을 예고한 것이거나, 여우를 더 깊은 세계로 이끌기 위해 사라진 것인지도 모르겠다.

길에서 만난 까칠한 가시덤불, 제 살기에 바쁜 토끼, 듣지 못하는 나무는 여우에게 고통의 한계, 인내의 절벽까지 몰아세우고, 두려움과 떨림으로 시작한 떠남의 길에 몸과 마음이 모두 상해버리고 만다. 여우는 이제 지쳐서 한 발짝도 뗄 수 없어 비가 내리기 시작한 습하고 어두운 숲 속에서 잠이 들어 버린다. 그러나 비가 그치고 반짝이는 햇살이 눅눅해진 여우의 털을 비출 때 가슴 속 어딘가 달라졌다는 느낌을 받는다. 여우는 별을 찾아 헤매느라 잊고 있었다. 별을 찾기 위해선 땅이 아닌 하늘을 보아야 한다는 것을.

숲속을 탐험하고 여러 만남을 거치며 이전에는 보이지 않던 생명의 다양성과 아름다움을 알고 신의 창조세계에 대한 새로운 인식과 영적인 눈이 열리는 시간이었다는 것을 깨닫는다.

여우는 외로움과 상실의 시간으로 주저앉아 있지 않았기에 집과 숲, 두 개의 세상에서 오롯이 설 수 있게 되었고 별은 여우의 성장을 돕기 위해 신이 보낸 대리자였음을 고백할 수 있지 않을까.

'떠난다'는 말은 설렘과 두려움의 감정을 동시에 안겨준다. 별을 찾기 위해 어쩔 수 없이 떠난 길은 헤세의 말처럼 생을 관통하는 '나를 찾아 떠나는 여행'이 되고 영혼의 성장판이 자라도록 도왔다.

우리는 매일 작은 선택을 하며 살아간다. 일상의 소소한 선택들을 하며 자기를 훈련시키는 것이다. 그런 작은 선택들의 훈련이 나중에는 인생을 바꿀만한 큰 선택을 해야 할 때 제대로 잘 선택할 수 있는 경험치를 준다. 여우의 어쩔 수 없는 선택이 작은 선택이었든 큰 선택이었든 선택하고 움직였기에 여기까지 올 수 있었던 것은 아닐까.

여우는 '떠남'에서 자신을 향한 여행을 시작했다. 스스로 가두거나 상황에 지쳐있지 말고 당신도 '떠남'으로 여름을 시작하길. 대붕(大鵬)이 못 되는 메추라기의 자유라도 내가 만족하고 좋아할 만한 '떠남과 사귐'이 있다면 여름의 초록처럼 늘 싱싱한 채 살게 될 것이라 믿는다. 언제나 빛나는 별(절대적 존재)이 우리 곁에 있다는 것을 잊지 말고, 그것이 성장통일지라도 결국 선한 것의 열매를 확신하는 날이 올 것을 믿으며 새로운 자신을 만나는 일에 마음을 아끼지 말아야 할 것이다. 슬슬 나도 책과 방구석을 떠나야 할 때가 온 것일까.

나만 열 수 있는 문
『연이와 버들도령』 백희나/책 읽는 곰

사랑이 있기 때문에 사랑하는 것이 아니라 사랑하기 때문에 사랑이 있는 것이다. 이 문장에 기대자면 길이 있어서 가는 것이 아니라 발걸음을 찍어 가면 길이 되기에 가는 것이다. 훌륭한 사람이 가는 길이 따로 있어 그 길이 간 것이 아니라 그들이 갔던 길이 훌륭했기에 길이 된 것이다. 길이든 품이든, 사랑이든, 모험이든, 자기만큼 생기는 것이다.

보이지 않는 손이 정해준 길을 가지 않고 자기의 길을 간 소녀이야기. 참을 때와 전진할 때를 알았던 존재의 이야기가 우리의 전래동화여서 좋다.

『연이와 버들도령』, 계모설화의 한 유형으로 엄동설한에 나물을 구해 오라며 계모에게 쫓겨난 의붓딸이 초인적인 도령을 조력자로 만나 시련을 극복한다는 민담을 작가는, 문헌에 충실하면서 '나이 든 여인'과 함께 사는 연이를 비춘다. 계모대신 '나이 든 여인'을 등장시켜 독자의 시야를 무한대로 확장해준다. 나이 든 여인이 상징하는 것은 언니일 수도, 선생님이나 선배일 수도, 혹은 윗사람이나 보호자일 수도 있다. 작가의 살짝 비틀어 놓은 관점이 빛난다. 연이는 '주인공은 반드시 길을 떠난다.'의 옛이야기 법칙을 완성하기라도 하듯이 추운겨울 입성도 제대로 갖추지 못하고 상추를 구하러 눈밭으로 나간다. 계모의 학대와 궁핍으로 마음이 추운 집이나 칼바람이 휘젓는 산속이나 연이에게 춥기는 매한가지였을 터.

한참을 눈밭에서 헤매다가 추위를 피해 동굴로 들어간다. 끝이 알 수 없게 깊게 패인 동굴로 조금씩 계속해서 발을 옮긴다. 돌이 막혀 있는 것을 보지만 포기하지 않고 몇 번이나 시도해 '마지막 남은 힘을 모두 그러모아 돌문을 밀고' 들어간다. 죽을힘을 다해 밀고 들어간 그곳에서 연이의 새로운 인생은 열린다.

세상이 완전히 무너졌다고 생각하는 순간, 우리 앞에 펼쳐진 광야, 어디로 가든지 길이 되는 광야에 서 있으니 지금 할 수 있는 것을 하면 된다. 돌아갈 수 없다면, 앞으로 가면 되는 것이다. 앞으로 가되 마지막 힘을 그러모아, 복잡하고 힘들수록, 어려울수록 단순하게 앞으로 조금씩 계속해서 나아가야 한다.

밀고 들어간 세계는 꿈속에서나 볼 수 있는 공간이었다. 기다렸다는 듯이 어여쁜 도령이 반갑게 맞이하며 고봉밥과 뜨끈한 국, 맛있는 나물로 밥상을 차려주더니 상추는 금방 만들 수 있다고 일단 편히 먹고 쉬라고 말해주는, 세상에선 받아 본 적 없는 친절 그 이상의 것을 받는다. 상추를 가득 담고 돌아가는 연이에게 버들도령은 살살이, 피살이, 숨살이 꽃을 선물로 준다. 곧 자신에게 닥칠 운명을 알고 있었던 것처럼.

연이가 만났던 버들도령은 융적으로 해석하면 연이의 아니무스(무의식속 남성성)의 투사로 볼 수 있다. 버들도령의 핵심가치는 연이의 여정에 방향을 제시하고 용기를 북돋우며 결단을 가능케 하는 내면의 힘이다. 이는 연이가 나이 든 여인에게 학대받기만 하던 무기력한 소녀에서 능동적이고 주체적인 인물로 성장하는 과정이자, 자신과 아니무스를 통합하는 과정이다.

버들도령 역시 융의 아니마 개념과 연결해 본다면 그는 연이에게 감정적으로 연결되며 타인을 위한 희생(위험을 감수함)을 감내하면서 연이를 통해 완전성(개성화)을 이룬다.

연이가 나이 든 여인을 떠나지 못하고 학대 받으면서도 있었던 것은 연이의 그림자, 즉 그녀의 두려움, 분노, 고립감으로 나타나 함부로 떠나지 못하게 했다. 버들도령을 만나고 연이는 그림자를 회피하지 않고 직면함으로써 진정한 자아의 통합과 성장을 이루어 냈다.

백설 공주는 고귀한 남성(반드시 왕자여야 함)의 도움을 통해 주인공이 구원받는 수동적 구조에 비해 『연이와 버들도령』은 한국적 감성과 전통을 바탕으로 하면서도 여성 주인공의 능동적인 성장 서사를 담고 있다.

남성은(버들도령)은 연이의 성장을 돕는 조력자일 뿐, 전능한 구원자로 등장하지 않는다. 오히려 연이의 생을 존중하고 함께 하며 나이든 여인에게 죽임을 당했을 때 연이를 통해 되살아나는 극적인 경험을 한다. 이는 남성과 여성의 관계를 구조적 권력 관계가 아닌 상호적 수평관계로 제시하고 소녀의 심리적 변화와 내면의 주체성을 스스로 키우며 나이 든 여성으로부터 독립하여 온전한 자아로 성장한다. 되살아난 버들도령을 보며 연이는 그동안 참았던 눈물을 터뜨린다. 사는 동안 좋은 일이 하나도 없었고 기막힌 일에도 그러려니 하던 감정들이 자신이 살려낸 버들도령을 보고 소중한 게 뭔지 알게 되었던 것이다. 두 사람은 한바탕 울음을 쏟아내고는 꽃가루가 만들어준 무지개를 타고 하늘로 올라갔다.

걸리는 문장 하나 있다면 '나이 든 여인'이다. 나이 든 여인이 '나이 든 외로움'으로 읽히는 것은 나의 앞으로의 생과도 닿아 있어 일까.

젊음에 대한 심술과 비정상적인 집착, 상추를 구해오라고 사지로 내모는 방식, 불을 질러 파괴하는 방식은 극단적이고 불가항력적인 요구를 완벽하게 수행한 젊은 여성에게 느껴지는 진취성과 대담함, 그것은 나이 든 여인에게서 볼 수 없는 모습이다. 그녀처럼 되지 않으려면 이 시점에 어떻게 살아야 하는 걸까 갑자기 숙연해진다.

'아무도 없는 곳에서 혼자 나이 들어 죽었다'는 여인의 말년은 얼마나 참혹한가. 역시 지옥은 공간이 아니라 상황이다.

눈이 소음을 먹어버린 것 같은 고요한 겨울, 그저 하얀 눈만이 가끔 꽃으로도, 길로도 나타나 이 땅이 얼마나 추우면 제 몸을 녹여 쌓일까 싶을 때 전래동화 한 편 읽으며 고요에 젖는다면 겨울잠이 부럽지 않다. 책장을 뒤져 신동흔 선생님의 옛이야기를 꺼내 짧은 해가 넘어갈 때 까지 들여다보았다. 설화가 얼마나 간절했으면 내게 왔을까, 들려주고 싶은 말과 하고 싶은 말이 우리가 우리를 모르던 시간을 건너 그곳에도 사람이 살고 있었고 조건은 조건이었을 뿐 생의 투지에 넘어지는 일밖에 하지 못했다고 말 걸어온다.

죽음과 함께한 '배무남'씨
『내가 함께 있을게』 볼프에를부르흐/김경연 옮김/웅진주니어

독일의 철학자 하이데거는 여기 지금 현재를 사는 사람을 현존재라고 명했다. 이는 인간이 고립된 존재가 아니라 세계와 관계를 맺고 있으며 자기 존재를 문제 삼는 존재라는 것이다. 아울러 현존재는 가능성으로서의 존재이기도하다. 인간은 고정된 실체가 아니라 끊임없이 가능성을 선택하고 나아가는 존재다. 마지막으로 현존재는 죽음을 향한 존재다. 인간은 자신의 유한성을 인식하고 이를 통해 진정한 실존적 삶을 살아갈 수 있다. 이러한 죽음에 대한 자각은 삶에 대한 진정한 의미를 찾도록 도와주는 셈이다.

영혼의 불멸을 믿는 사람에게는 사후의 삶이야말로 진정으로 가치 있는 것으로 다가온다. 플라톤은 영혼 심판은 사후에 내려지는 것이며 그렇기에 영혼의 참 행복을 위해 인생을 끊임없는 선의 추구로 인도해야 한다고 말하기도 했다. 내 삶의 주인은 나 인 것 같지만 그러지도 않다는 말로도 들려 누군가를 흉보려다가, 돈이나 먹는 것에 욕심이 막 생기려다, 원수를 갚고 싶다가도 멈추게 된다.

가끔 죽음의 대한 두려움을 생각하다 골치가 아프고 공포가 엄습해 올 때 고대 그리스 쾌락주의자의 '영혼은 몸과 함께 사라지는 것이다'를 믿고 싶어진다. 물리학적으로도 육신이 죽으면 우주의 먼지

로 돌아간다고 하니 이렇게 단순하게 생이 끝나면 얼마나 간명할까.

　달콤한 말 『내가 함께 있을게』로 다가오는 정체는 다름 아닌 죽음이다. 원제는 「Duck, Death and the Tulip(오리, 죽음과 튤립)」 이것도 찝찝하긴 마찬가지다. 일상에 쫓겨 빡빡하게 살다 보니 잊고 있었고 결국 열심히 사는 우리는 죽음을 향해가는 레이스 위에서 숨 가쁘게 살고 있었다는 것을 새삼 알게 된다.

　의인화시킨 덕에 조금은 관조할 수 있지만 이것은 분명 인간에 대한, 우리의 마지막에 관한 이야기다. 하이데거니 플라톤이니 철학자의 명언조차도 출생과 동시에 우린 죽음으로 가고 있다는 것을 자명한 사실로 뒷받침하는 것뿐이다.

　작품 속 죽음은 조용히 찾아온다. 알아챌 때까지 기다리며 기회를 보다가 "너를 데리러 왔다"고 고백하듯이 달콤하게 말한다. 만일을 대비해서 그동안 곁에 있었다며 웃는 해골의 얼굴엔 공포와 유머가 겹친다. 살아가면서 언젠가 누구에게나 때가 되면 본인만이 알아차리도록 나타나는 것이 죽음인가보다.

　큰아빠(故배무남)께서 돌아가셨다. 갑작스러운 것은 아니다. 아니, 모든 죽음은 갑작스러운 게다. 아무리 준비를 하고 있어도 죽음이라는 커다란 운명 앞에서는 속수무책 당할 수밖에 없으니. 그는 연명치료를 거부하고 명료한 정신으로 죽음을 맞이하셨다. 모습을 지켜본 가족의 말로는 몸은 꺼져가고 있었지만 정신이 깨어있을 때마다 농담을 하셨단다. 큰아빠답다. 언제나 유쾌하고 자상하신 한없는 따뜻한 마음에 반해 한때 그의 딸이 되고 싶었다. 그는 자녀와 조카들을 똑같이(?) 사랑하셨는데 그런 사랑을 아무나 할 수 없다는 것을 어른이 돼서야 알았다.

큰아빠 배무남씨는 '국뽕' 영화로 회자 되는 〈국제시장〉의 주인공 같은 삶을 척척 살아낸 분이다. 독수리 5형제가 지구를 지켰다면 우리 집안은 큰아빠가 지켰다. 모질고 팍팍한 인생이었기에 독할 수도 있었고, 못된 사람으로 나이들 수 있었지만 여유와 특유의 농담으로 생의 파도를 노련하게 연주한 서퍼(surfer)였다. 돌아가시기 전엔 백운면 평동리 선출직 노인 회장까지 지내신 동네인심을 한 몸에 받은 인물이기도 하셨다.

한 번도 경험해보지 못한 소름 돋는 기분, 처음엔 외면하지만 아침이 되면 죽지 않은 것에 더 놀라는 주인공. 점차 죽음과 가까이 지내며 자신이 죽음을 받아들이는 오리는 죽음(해골)과 함께 자맥질을 하고 나무 위에 올라가 다가올 죽음의 공포에 대한 위로도 받는다.

그러던 어느 날, 정말로 죽었다.

죽음(해골)은 더 이상 뛰지 않는 오리 가슴에 검은색 튤립을 얹고 강 위에 띄운다. 떠내려가는 주인공을 오랫동안 바라본 죽음(해골)은 이것이 삶이라고 생각한다. 신이 숨을 거두어가고 남은 것이 죽음이고, 또 그것이 삶이라고, 작품 속 명조체 활자가 진하게 읽힌다. 죽음(해골)도 죽음을 슬퍼한다는 작가의 위로가 내내 가슴에 남아 맥락 없이 눈가가 찌릿해 온다.

큰아빠는 삶을 사랑하는 법과 죽음을 두려워하지 않는 법을 가르쳐 주셨다. 어느 것도 포기하지 않고 홀어머니와 동생들을 건사하고 자신의 자녀까지 힘껏 키워낸 존재, 조르바의 마지막처럼 저 위에서 자신을 향해 달려오는 죽음을 서서 맞이한 사람. 조카가 지은 첫 책을 성경책과 나란히 머리맡에 두고 주무셨다는 큰아빠의 정성과 사랑이 눈물 나게 그립다. 의연하게 맞이한 죽음과 함께 안식의 세계로 환승한 큰아빠의 영혼에 머리 숙여 감사드린다.

"모서리 같은 인생이었지만 당신이 계셨기에 제가 둥글게 살았습니다."

다른 누군가의 마지막을 위해 검은 튤립을 들고 다니는 죽음(해골)에게 죽음은 또 다른 삶의 연속이다. 죽음은, 슬프지만 육신의 장막을 찢고 나서는 또 다른 생의 여행이다. 이런 면에서 죽음이란 인생을 박탈하는 것이 아니라 인생으로 하여금 다양한 의미를 창조하도록 하는 신의 흥미로운 장치는 아닐까.

그리고 어느 날, 그가 가신 길을 나도 갈 것이다. 그날이 언제든 연약한 정신승리가 아닌 죽음을 정면으로 바라보며 그의 삶처럼 꼿꼿하게 자신에게 부끄럽지 않도록 살다 다시 뵙고 싶다. 어느 시상식 축하무대서 가수 이찬혁이 부른 '장례희망'을 들으며 큰아빠 배무남 씨가 생각났다.

아는 얼굴 다 모였네 여기에/한 공간에 다 있는 게 신기해/모르는 사람이 계속 우는데/누군지 기억이 안 나 미안해/종종 상상했던 내 장례식엔/축하와 환호성 또 박수갈채가/있는 파티가 됐으면 했네/왜냐면 난 천국에 있기 때문에/오자마자 내 몸집에 서너 배/커다란 사자와 친구를 먹었네/땅 위에 단어들로는 표현 못 해/사진을 못 보내는 게 아쉽네/모두 여기서/확신이 있네/내 맘을 다 전하지 못한 게 아쉽네/할렐루야/꿈의 왕국에 입성한 아들을 위해/할렐루야/함께 일어나 춤을 추고 뛰며 찬양해/할렐루야/꿈의 왕국에 입성한 아들을 위해/할렐루야/큰 목소리로 기뻐 손뼉 치며 외치세 (중략)

이찬혁, 장례희망 가사

큰아빠는 천국에서 정말, 딱! 가사처럼 말씀하시며 유쾌한 미소를 지으실 것이다.

2부

일상의 부력

세상의 모든 나에게

호명의 기쁨 『이름 없는 고양이』
다케시타 후미코 글/마치다 나오코 그림/고향옥 옮김/살림

모성, 멀고 험한 길 『나는 사자』
경혜원/비룡소

부족한 채로 완전한 『나는 강물처럼 말해요』
조던스콧 글/시드니스미스 그림/김지은 옮김/책 읽는 곰

내가 사는 것이 나 『아리에트와 그림자들』
마리옹 카디/문학동네

소심한 자의 위버멘쉬 『울타리 너머』
마리아 굴레메토바/이순영 옮김/북극곰

열 네 살의 봄, 나에게 『오직 토끼하고만 나눈 나의 열네 살 이야기』
안나 회글룬드/이유진 옮김/우리학교

호모 비아토르(Homo Viator) 『길을 잃었어』
알리체 로르바케르 글/리다 치루포 그림/이승수 옮김/풀빛

자기가 자기를 구하는 『너울너울 신바닥이』
신동흔 기획, 글/홍지혜 그림/한솔수북

힘닿는 데까지 『다 같은 나무인 줄 알았어』
김선남/그림책 공작소

호명의 기쁨
『이름 없는 고양이』
다케시타 후미코 글/마치다 나오코 그림/고향옥 옮김/살림

'이름 없는 고양이'하면 떠오르는 책, 나쓰메 소세키의『나는 고양이로소이다』는 일본 문학계에 신선한 충격을 안긴 풍자 소설이다. 화자인 '고양이'는 이름이 없지만 그것에 전혀 동요하지 않고 '없음의 존재면 어떠랴'의 인물로 주인인 구샤미와 그의 주변 술친구들을 관찰하며 고양이의 시선으로 세상과 인간에 대해 사색한다. 주인집에는 철학자, 시인 등이 무위도식을 일삼는데 이들은 수위 지시인층으로 많이 배웠으나 현실 적응은 못한 채, 또한 사회 부적응자로도 낙인찍히지만 아랑곳하지 않고 흥청거리는 모습을 보는 게 이름 없는 고양이의 즐거움이다.

무명의 고양이는 인간들이 끝낸 술판에서 남은 술을 호기심으로 마시다 실수로 술독에 빠지게 된다. 밖으로 나올 수 없다는 것을 알고는 모든 것을 놓아버리고 편안하게 죽으며 이야기가 끝나는데 죽는 모습까지 충격적이고 풍자로 뭉쳐있는 작품이어서 오래 기억에 남았다.

이름은 타인이 나를 부르고 구분하기 위한 기호일 뿐, 내가 존재한다는 사실 자체를 대신해주지는 않는다. 장 폴 사르트르는 인간은 '스스로 만들어가는 존재'라고 했고 이름이란 사회가 붙여준 꼬리표

일 뿐이며 진짜의 나는 내가 어떤 선택을 하고 어떤 삶을 살아가느냐에 의해 드러난다고 생각해 왔는데 막상 이름이 없다고 한다면 상상할 수 없는 불편과 외로움의 안색은 새파래질 것 같다.

위 작품은 나쓰메 소세키의 고양이와는 전혀 다른, 세상 약하고 여린 고양이가 자기만의 예쁜 이름을 짓기 위한 여정을 보여준다. 신발가게 고양이는 사자 같은 갈기가 있어 '레오', 서점에 사는 고양이는 주인이 씩씩하게 살라고 '씩씩이', 우동가게 고양이는 '우동이', 카페 고양이는 이름이 두 개다. 카페 주인아주머니, 아저씨가 부르는 이름이 각각 다르다.

시장 안에 사는 고양이들은 모두 누군가의 고양이고 나름의 뜻도 담겨 있으며 이름도 보송보송했다. 예쁜 이름은 이미 다른 고양이들이 차지해 버렸다.

이름이 없다는 것, 여기에 있지만 아무도 나를 부르지 않는다는 것은 '있음'인 동시에 '지워짐'처럼 다가온다. 이름 없는 나는 세계 속에서 불려 지지 않은 존재라고 할 수 있고, 이는 존재가 외부로 드러나지 않는 상태, 나만 이름이 없다는 감정은 외롭고 투명해지는 소외감과 동시에 아무 규정에도 묶이지 않는 자유로움이 겹쳐 있는, 아주 모순적이고 묘한 경험일 것이다.

존재란 무엇인가. 이름 없는 존재도 존재 할 수 있는가, 근대철학자 하이데거는 존재를 '있는 것들의 그 있음(Sein)'으로 구별하며 있음을 자각하는 존재를 현존재라 하였다. 루소나 헤겔은 타인의 인정을 통해 자아가 형성된다고 했고 레비나스는 타자의 얼굴 앞에서 윤리적 존재로 깨어난다고 했다.

  나쓰메 소세키의 '이름 없는 고양이'는 이름을 통해 존재를 증명하지 않고 사유하며 존재를 세워 나간다. 곧 이름, 정체성, 타인의 인정, 소통 등의 외적 구조로부터 해방된 순수한 존재로서 가치를 스스로 부여했다. 오늘날 우리는 '이름'이나 '역할', '권위'등의 구조 안에서 자기 존재를 증명하려 애쓴다. 결국 우리는 이름을 통해 존재를 증명할 것이 아니라 자기방식대로 존재함으로써 존재를 실현해야 한다. 곧 존재로 '되는 것'이 아닌 '이미 그러한 것'으로 인정하는 태도야말로 존재 자체의 에너지다.

  그럼에도 이름은 있어야겠지. 이제 막 세상을 향해 첫발을 뗀 고양이에게 이름이 없다는 것은 존재를 부정당하는 것일 테고 이름이 타인에게는 있고 자기한테만 없는 것은 무조건 슬픈 일이다. 하지만 동네를 돌아다녀도 마음에 드는 이름은 없고, 이름을 지어 줄 타자도 나타나지 않는다. 의기소침해져 있는데 비까지 와버린다.

  가끔, 이름이 예쁘다는 말을 듣는다. 또, 가끔 지인들로부터 사진 한 장을 받기도 한다. '이렇게 된 경위의 배경은?' 뉴스화면 자막을 찍어 보낸 것이다. 책에도 내 이름은 가끔 나온다. 책속에 명조체로 찍힌 가지런한 내 이름을 볼 때 기분이 묘하다. 내게는 중의적인 뜻으로 읽히기에 세 음절에 힘이 생기고 새로운 의미로 다가온다. 경사스럽고 은혜로운 사람이 되라고 지어주신 이름, 꼭 이름이 있어야 하나, 꼭 그렇게 증명되어야 하나 싶지만 아무래도 이름은 꼭 있어야겠다.

"안녕, 배고프니?"

"너, 눈이 예쁜 멜론색이구나"

 드디어! 이름이 생겼다. 멜론! 이름 없는 고양이는 깨닫는다. 갖고 싶었던 건 이름이 아니라 이름을 불러 줄 누군가였던 거다. 이름 없는 고양이의 '존재의 거듭남'의 순간이다. 이것은 존재의 승인이자 공동체 안으로의 초대와 더불어 이름을 불러주는 행위는 단순히 호칭을 주는 게 아니라 "너는 여기 있어, 너는 우리와 함께 있어"의 선언과 같은 것이다.

 비 내리는 공원에서 운명처럼 만난 소녀와 우산을 쓰고 함께 걷는 멜론의 뒷모습은 위풍당당하다. 이름이 있다는 것, 누군가에게 특정한 이름으로 불린다는 것은 존재를 살아나게 하고 세상이 선명하고도 가깝게 느껴지는 경험이다. 마치 모노크롬 영화가 갑자기 컬러로 바뀌듯, 혹은 귀에 들리지 않던 소리가 선율을 이루어 귀에 꽂히듯. 이름은 세상을 내 쪽으로 확 끌어당기는 힘이 있다. 하여 누군가는 이름을 바꾸기도 하고, 별명을 붙여주기도 하고, 옛 어른들은 호(號)를 지었는지도 모르겠다. 조금 부끄럽지만 내 이름을 입속에 넣고 우물거려 본다. 달콤한 향기가 난다고 생각하련다.

모성, 멀고 험한 길
『나는 사자』 경혜원/비룡소

    침대에 누워계신 엄마를 본다. 미간에 골이 패여 주무시는 동안에도 표정을 풀 수 없을 만큼 괴로우신 거다. 쓰러진 후로 입맛을 잃으신 건지 입에 맞는 반찬을 해드리기가 쉽지 않다. 낯선 음식은 낯설어서 밀어내시고 잘 드신다고 생각해서 해드리면 알고 보니 아빠나 우리가 좋아하는 음식이었지 엄마가 즐기던 건 아니었다. 엄마의 취향을 모르겠다.
    잘 드시던 음식노 시간이 갈수록 양이 줄고 점점 먹는 것에 흥미를 잃어가고 계신다. 해드릴 것이 없다는 무력감이, 다시 일어 날 수 없을 것 같은 절망이, 마음속에 잡초처럼 매일 자란다.
    엄마는 자주 우신다. 자라면서 엄마의 눈물을 거의 본 적이 없는 나로서는 당황스럽다. 특히 엄마 형제분들이 찾아와 '누나', '언니', '처형' 할 때마다 우신다. 강박적으로 깔끔하던 집안, 칼 같던 살림살이, 깨진 적 없는 유리그릇들, 흐트러진 적 없는 서랍, 이제 엄마를 구체적으로 꾸며 주던 형용사, 부사는 사라졌다.
    『나는 사자』를 읽는 동안 엄마가 무척 생각났다. 나에게 엄마는 처음부터 엄마였다. 엄마에게 여자였던 적이 있었다는 것을 어른이 되고 깨달았고 '엄마' 역할은 여성과 경계 없이 하늘이 내린 사명이기에 누구도 '엄마'에서 벗어날 수 없다고 생각했었다. 그런 모습을 보고 자랐기에 나도 '엄마'의 역할을 감당할 수 있었을지 모른다. 여성 내면에 발현되지 않은 가능성으로 잠재되어 있다가 엄마가 되는 순간 모유가 나오면서 정체성이 바뀐다고 생각했는지도 모르겠다.

작가는 자신의 작품을 '야생의 초원처럼 녹록치 않은 삶 속에서 세 자녀를 키워낸 엄마'에게 헌정했다. 많은 동물 중에 암사자로 엄마를 표현 한 것은 여성이 엄마로 살아온 길은 그만큼 거친 야생의 생이었음을 반증하는 듯하다.

경혜원 작가는 동물의 왕 수사자가 아닌 암사자 이야기를 들려준다. 새끼가 뱃속에 자라고 있는 임신한 몸으로 사냥을 하고 다른 새끼들을 먹이며 공동육아로 보호한다. 사자의 세계는 체구가 수컷보다 가벼운 암사자들이 주로 사냥을 해서 함께 나누어 먹고 새끼가 태어나면 서로 돌봐준다. 새끼들이 먹이를 먹는 동안 모든 위험을 감지하고 미리 방어하며 잡은 먹이는 빼앗기지 않기 위해 또 다른 싸움에 대비하는 것이 암자사의 모습이다.

몇 년 전에 본 영화가 생각났다. 린 램지 감독 영화 〈케빈에 대하여〉는 사회가 여성에게 부과한 모성에 대해 분열을 일으켜 발생하는 비극적인 결말, 이것은 암사자의 헌신적이고 본능적인 모성과 대치된다. 여행 작가이자 자유로운 영혼 에바는 원치 않는 임신과 출산으로 준비 되지 않은 채로 엄마가 되고 아들 케빈의 탄생은 화려했던 경력의 종말 선언과도 같은 것이었다.

아들에게 사랑과 애착이 자동적으로 생기지 않은 것은 그녀의 결함이 아니라 개인적, 환경적 요인에 기인했고 모성애가 없다고, 부족하다고 비난 받을 것은 아니지만 결과가 참혹하기에 사회적으로도 한동안 이슈가 되었던 영화다.

그녀는 아들과의 첫 접촉부터 불편함을 느끼며 돌봄이 즐거움보다 의무로 작동하고 모성이 생물학적으로 즉시 활성화되지 않는 다는 것을 알 수 있다. 에바는 모성을 느끼지 못하는 자신에게 죄책감을 느끼며 이를 숨기려 한다.

사랑에 굶주린 아들 케빈은 엄마의 관심을 얻기 위해 동생을 괴롭히고, 잔인한 말썽을 부리고 청소년임에도 어린아이의 옷을 입으며 엄마를 끊임없이 도발 한다. 결국, 살상용 활과 화살로 아버지와 여동생 셀리아를 죽이는 동안 에바는 여성의 영혼 어딘가에 있을지도 모르는 모성 스위치를 찾지 못한 채 여성과 모성을 뿌리 채 흔들고 아들의 학살극에 대한 죄책감을 영구히 각인시킨다.

현대사회에서는 모성을 본능이 아니라 '사회적 구성물'로 이해하기 시작했다. 모든 여성이 똑같이 모성애를 느끼는 것이 아니며, 우울과 불안, 관계 갈등, 개인의 성향에 따라 모성이 약화되거나 결핍될 수 있음을 인정하기 시작했다. 에바에게 연민을 느끼는 내가 비정상적으로 느껴지지 않는다. 다행이다. 그럼에도 아이가 해를 입었을 때 사회는 여전히 '엄마 책임론'을 가장 먼저 제기한다.

엄마와 나는 '맏딸'이다. 오래전부터 내려오는 말씀처럼 '살림밑천'이다. 칠 남매의 살림밑천으로 태어나 엄마의 노동은 동생들의 학비와 도시락이 되었다가 외할머니의 쌈짓돈이 되었다가 외할아버지의 막걸리가 되기도 했다. 결혼하고 첫 딸을 낳고선 살림밑천이 살아가야 하는 시간을 누구보다 잘 아는 엄마였기에 나에게 아무것도 가르치지 않았다.

  암사자에게 아무것도 가르침을 받지 않은 새끼는 제멋대로 자랐고 한 번도 혼나거나 통제받은 적이 없다 보니 세상 물정을 몰라도 너무 몰랐다. 변명의 여지 없이 나 역시 준비 없이 엄마가 되어 하이데거 식으로 표현하자면 엄마라는 역할로 피투(被投)된 존재가 되고 말았다.

  피투(被投)된 존재는 자유와 책임의 이중성을 내포하며 세상에 던져졌으나 그 안에서 시행착오의 과정을 거치며 스스로의 삶을 선택하고 의미를 만들어갈 수 있는 기투(企投)존재로 살아간다. 이렇게 변화, 성숙할 수 있었던 것도 생애 초기, 암사자의 올바른 양육과 사랑 때문이었다는 것을 나중에야 알게 되었다. 하여, 좋은 엄마가 되기 위해서 부단히 노력했고 지금도 진행 중이며 부끄럽게도 이제야 조금 암사자의 마음을 알 것도 같다. 다시 작품 속, 암사자를 본다. 단단한 근육으로 먹잇감을 놓치지 않겠다는 표정, 새끼들을 굶게 하지 않겠다는 결기, 사냥감 뒤에 치열한 삶의 벌판도 숨죽이고 암사자를 지켜보고 있다.

  나의 암사자에게 엄마가 되라고 강요하고 그렇게 암사자의 헌신이 우리의 뼈와 살이 되어 가는 동안 무게를 견디지 못해 쓰러진 것 같아 마음이 아프다.

  모성애를 당연하다고 생각하지만 세상에 당연한 감정은 없으며 모성역시 학습되어 가면서 진실 된 모성에 스며드는 감정이다. 엄마가 나를 살림밑천이 아닌 온전한 '존재'로 키워냈듯이 나도 딸을 온전한 '존재'로 키워야 함을 안다. 엄마가 되기 전에, 여성이 되기 전에, 신념을 가진 온전한 한 사람으로 자리매김 하도록 돕는 것이 암사자의 몫 아닐까. 늙고 병들어 힘없는 나의 암사자에게 오늘도 신께 제물을 드리듯 공손으로 반찬을 만든다.

부족한 채로 완전한
『나는 강물처럼 말해요』
조던스콧 글/시드니스미스 그림/김지은 옮김/책 읽는 곰

꽃 한 송이 피는 것도 제 삶의 최선이며 전 생의 모든 것이다. 우리가 꽃 한 송이, 풀 한 포기를 마주 할 때도 소홀히 생각하지 않는 이유기도 하다. 생의 간절함이 한자리에서 나고 자라 한 계절만 살고 가는 식물도 그러한데 사람의 생은 말할 것도 없을 것이다. 나라는 존재가 일시적이든 영원한 상태이든 삶을 얻어 오늘을 선물이라고 믿는 사람은 온전히 감사할 수밖에 없다.

세상에 완벽한 사람이 있을까. 저마다 약점과 숨기고 싶은 비밀을 안고 살아간다. 속으로만, 자기만 아는 약함은 숨길 수 있지만 겉으로 보이는 약점, 장애는 드러날 수밖에 없다. 『나는 강물처럼 말해요』의 작가 조던스콧은 어릴 적, 아니 지금도 말을 더듬는다. 캐나다에서 시인으로 알려져 있고 위 작품은 작가가 지은 자전적 첫 그림책이다. 그는 어릴 적 교실에서 늘 웃음과 놀림거리가 되었다고 한다. 사람들이 아무렇지 않게 '매끄럽고 정상적'으로 하는 말이 그가 말하면 조각조각 흩어져 버리기 때문이다.

'아이들은 내 입에서 혀 대신 소나무 가지가 튀어나오는 걸 보지 못해요.'
'아이들은 내 목구멍 안쪽에서 까마귀가 까악까악 우는 걸 듣지 못해요.'

'아이들은 내가 입을 열 때 스며 나오는 달빛을 보지 않아요.'

　학교에선 말을 할 일이 없기를 바라고 자신이 발표할 차례가 되면 더욱 혀가 꼬여 두려운 아이. 자신의 입만 쳐다보는 시선 때문에 늘 불안한 아픔에 대해 그렇지 않은 우리는 장애를 바라보는 태도가 어떠했는지 되돌아보지 않을 수 없다.
　말을 더듬은 자신을 부끄럽게 생각하는 아이에게 아빠는 물거품이 일고, 굽이치고, 소용돌이치는 강가로 데려가 강물을 보여주며 "너도 강물처럼 말한단다."라고 위로한다. 네가 더듬어 말하는 것은 결핍이 아닌 다른 리듬이 뿐이라고.
　그날, 말더듬이 아이는 강물 속에서 헤엄치며 빛나는 물빛들과 온전히 하나가 되는 시간을 보낸다. 울고 싶을 때마다, 말하기 싫을 때마다 아빠의 말을 떠올리며 친구들 앞에서 자신이 좋아하는 강물에 대해 이야기 할 수 있게 된다. 같은 반 아이들의 조롱과 비웃음에 신경 쓴 나머지 발표시간이 없어지기를, 교탁 앞으로 나가는 일이 없기를 바랐지만 주인공은 자신을 강물처럼 말하는 존재라고 생각하고부터 다른 아이들을 신경 쓰지 않고 하고 싶은 말을 강물처럼 말한다. 소통의 방식이 다를 뿐 존재가 사라지거나 작아진 것은 아니기 때문이란 걸 알게 된 것이다.
　그는 이제 안다. 거대한 강물도 더듬거리는 순간이 있고 그 순간조차 부드러움으로 반짝거린다는 것을. 유창하게 말하고 싶지만, 그것은 자신이 아니란 깨달음도 강물에게 배운다.

자신이 더듬는 것은 다른 방식으로 말하는 것뿐이기 때문에 더 이상 두려워하지 않게 되었다.

작가는 자신의 약함을 그대로 인정하고 스스로 의미를 부여하여 타인과 다르므로 받는 시선을 자기만의 방식으로 풀어냈다. 사회가 요구하고 '보통'의 프레임 안에 들어오기보다 그저 자신이 되었다고 나할까.

작가는 말한다. "아버지는 자연의 움직임 속에서도 내가 더듬거리면서 말하는 것과 비슷한 일들이 일어나고 있다고 말씀해 주셨어요. 덕분에 나는 내 입이 바깥세상을 향해 움직이는 것을 즐겁게 지켜볼 수 있게 되었어요." 그리고 "말을 더듬으면서 누군가와 깊이 연결되어 있음을 느낌과 동시에 철저히 혼자라고 느끼기도 해요, 말을 더듬는 건 두려움이 따르는 일이지만 아름다운 일이에요." 삶을 견디는 것이 아름다운 일이라는 것을 알기까지 그의 한숨은 얼마나 좋은 영양제가 된 것인가. 언어를 끊어 말한다는 것, 발음이 어눌하거나 힘들게 말한다는 것은 결함이 아니라 또 하나의 다름이다. 존재의 고유한 리듬을 받아들이는 거라고 말하고 싶은 것이다. 자연을 단순히 바라보며 느끼는 것에서 시작하여 결국 자연의 생태를 배우고 함께 호흡하는 모습에 까지 갈 수 있음을 보여주고 있다.

사회의 말은 규범 속에서 부족하거나 결핍된 것으로 낙인찍히기도 하지만 자연은 그런 기준 없이 있는 그대로의 흐름을 품어주었다. 자연을 통해 인간의 언어와 존재가 치유되고 새롭게 해석될 수 있음을 보여주는 생태 감수성이 뛰어난 작품이다.

오래된 능소화를 알고 있다. 30년 정도 되어 보이는 커다란 등나무에 얽혀 함께 공생하고 있는 능소화는 다른 꽃에 비해 개화가 늦다. 쨍쨍한 한여름을 피해 말복이 지나 피기 시작하는 꽃도 어쩌면 자기만의 리듬과 방식의 생애주기로 살아가고 있는 것은 아닐까.

가르치는 학생 중에 강물처럼 말하는 아이가 있다. 작품을 읽는 동안 생각나는 나의 제자이자 친구. 발음이 어눌하므로 곧잘 말끝을 흐린다. 타인이 못 알아듣는 눈치를 보일 때 더욱 말끝이 흐려지고 눈을 마주치지 않는다. "미안해, 못 알아들었어, 다시 얘기 해줄래?" 그러면 활짝 웃으며 다시 또박또박 말을 하거나 휴대폰에 글씨를 쓴다. 힘들게 우물거리는 발음 속에 거품이 일고, 소용돌이 치고, 굽이치다 부딪쳐도 생의 아름다움을 아는 명랑함으로 말하는 입에서 존재의 충만이 흐른다. 다음 시간에 만나면 "너는 강물처럼 말하는 아이"라고 꼭 말해주고 싶다.

내가 사는 것이 나
『아리에트와 그림자들』 마리옹 카디/문학동네

내 속엔 내가 너무도 많아 시시때때로 무례하고 이기적이며 대문자E(외향적)였다가 어느 날 나도 모르게 의기소침해지고 하루 종일 어제 그(녀)가 말한 의미가 뭔지 생각하느라 스트레스가 이만저만 아닐 때가 있다. 그런 날들이 종종 있다. 진심과 다른 말, 정성과 다른 행동으로 괴로울 때가 있다. 가면을 제대로 쓰지 못해 그림자를 나도 모르게 보여 준 날의 이불 킥은 그 후유증이 며칠 간다.

'그림자(Shadow)'는 융 심리학에서 핵심 키워드 중에 하나다. 사회나 공동체에서 받아들여지지 않는 억압된 욕구나 부정적 특성을 내면의 깊은 곳, 무의식의 세계에 숨겨놓은 것을 말한다. 물론 자신도 인정하지 않지만 이것을 잘 현실에서 잘 발현한다면 용기, 창조력, 주도성으로 발전할 수도 있다. 작품 속 주인공이 보이는 학교에서 모범생 모습은 아리에트의 페르소나(Persona)다. 이것은 사회의 기대 혹은 타인들의 기대에 맞추기 위해 만들어진 모습이다. 그러므로 고정되고 불변하는 외적 인격이 아니며 그림자는 페르소나 뒤에 숨어 있다. 모든 사람이 그림자를 갖고 있다는 점에서 자신이 갖고 있는 본래적인 결함으로부터 완전하게 자유로울 사람은 없다.

평소 소심하고 얌전하지만 우연히 사자의 그림자를 갖게 된 아리에트는 그날따라 쿵쾅쿵쾅 에너지 넘치는 아이가 된다. 수업시간에 나서서 발표하는 것도 전혀 어렵지 않았고 밥을 아주 많이 먹기도 하고 수업시간에 낮잠도 늘어지게 잔다. 아리에트는 자신의 내면에 있던 그림자(사자)의 도움으로 억눌린 자아의 잠재력을 발견하게 된 것이다.

칭찬받고 인정받는 모습은 자꾸 반복하게 되고 자신의 약함과 부정적인 모습은 숨기고 싶은 게 사람의 마음이다. 이렇게 우리는 '보여줘도 되는 나'와 '감춰야 하는 나'를 구분하여 페르소나를 만들어 간다. 페르소나에 열중하다보면 자신의 진짜 모습이 어떤 건지 헷갈리거나 모르기도 하지만 그 모습에도 긍정할 줄 알아야 하는 것은 어느 페르소나를 쓰든 최선을 다해 열심히 살았다는 증거이기 때문이다. 하지만 페르소나에 잠식당해서는 곤란하다. 사람들과 있을 때 피곤함이 극심하다거나 늘 완벽하고 착한 모습으로 있어야 한다는 압박감, 내가 누군지 알 수 없다고 느낄 때는 위험신호라고 생각해도 된다.

이제 학교에서 야단맞는 것이 일상이 된 아리에트의 페르소나(얌전함)와 사자의 그림자(용기, 과감함)는 충돌하며 사회적 역할과 억눌린 잠재력 사이의 긴장을 보여주는 주는 아슬아슬한 장면은 우리의 모습과도 닮았다.

우리는 페르소나가 있어서 사회생활을 무리 없이 해낼 수 있으며 나를 보호하고 공동체 안에서 버틸 수 있도록 돕는 조력자이다. 페르소나는 나의 전부는 아니지만 내게 중요한 역할을 하는 부분이며 이런 결정체들이 모여 진정한 '자기(Self)'를 이루는 것이다.

페르소나와 그림자를 알아채는 것으로 진정한 자기 찾기는 시작한다. 아리에트는 영리하게도 자신에게 사자 그림자가 갖고 있는 야성을 버리지 않았으므로 두 개의 그림자가 생겼다. '아리에트와 그림자들은 셋이 함께 사는 방법을 하나씩 깨쳐 나갔다'로 내면의 통합을 이루어 냈다. '하나씩 깨쳐 나갔다'라는 문장이 마음에 든다.

융은 그림자를 단순히 억압하지 말고 그림자 자체를 의식으로 불러와 자신의 일부로 만들어야 한다고 말한다. 그림자와 빛, 무의식과 의식이 통합할 수 있을 때 진정한 '개성화'가 이루진다고 본 것이다. 자신을 가만히 두어 혼자 있을 때의 감정을 살피고, 해야 할 말보다 하고 싶은 말을 찾으며 모자라거나 흔들려도 괜찮다는 것을 스스로에게 말해주는 것을 추천한다.

가면을 벗는 다는 것, 그림자를 부끄러움 없이 곁에 주는 것은 '나답게' 살아가기 위한 용기이며 페르소나와 그림자의 조화는 온전한 '자기'를 형성하는 길이다.

요즘 여러 명이 함께 모이는 모임에 다녀오면 진이 빠진다. 예전엔 이러지 않았는데 하며 생각해보니 나는 외향형을 가장한 내향적인 사람이었던 것이다. 조금씩 모임과 관계가 힘들어진다. 이제서 나를 알아가는 과정의 길에 들어선 기분이다. 오늘만 해도 내가 속한 공동체 위원회 회식이었는데 함께 모여 식사하고 차 마실 생각만 해도 지쳐서 불참한다고 하고선 지금 이렇게 혼자서 끄적거리고 있다.

외톨이가 될까 봐 불안하기도 하고 고립감이 파도의 규칙적인 물

결처럼 끊임없이 밀려온다. 내게 무슨 일이 생겼을 때, 와 줄 이가 있을까 하는 마음속 소란이 일어나기도 하지만 마냥 이러기만 하겠나, 또 생각한다. 곧 사회적 페르소나를 쓰고 짜잔 하고 나타날 것이다. 아리에트처럼 침대 밑으로 꺼지기도 하고 거친 모습도 서슴없이 보이면서 사는 것, 이런 모습도 나니까 '내가 사는 게 나다'를 매일 훈련할 것이다. 일상의 리듬을 유지하기 위해 마음의 중력으로 흩어진 편린을 잘 모아 나를 완성해 가고 싶은 것이다. 그렇게 나를 지키며 살아가고자 한다.

소심한 자의 위버멘쉬
『울타리 너머』마리아 굴레메토바/이순영 옮김/북극곰

여행이라는 말을 들으면 '물'이 먼저 생각난다. 내륙지방에 살았던 어린 시절, 휴가철에 여행 가면 물가로 갔다. 내 또래 아이들은 물과 달궈진 바위를 오가며 종일 튜브를 허리에 차고 수박도 먹고 밥도 먹는다. 어른들은 수풀을 헤치고 돌아다니거나 밤엔 물고기를 잡겠다고 나갔다 오시곤 했다. 꼼짝 없이 물가에 잡힌 나는 줄지어 숲으로 기어가는 개미떼를 따라다니거나 징그러운 애벌레가 꼭 나 같아서 기어가는 길을 평평하게 해주며 해를 떨어뜨렸다. 어설픈 텐트를 치는 것이나 습하고 딱딱한 바닥에서 눈을 뜨는 것이나 무례하게 지루한 한여름의 매미소리, 어른들의 여름 놀이에 들러리로 따라 온 기분이어서 재미있는 것도, 맛있는 것도 없이 간신히 2박3일 보내고 집에 오면 영락없이 몸살이 났다.

그러면 동네 미군부대 간호사 출신 '고여사'가 주사도 놔주고 약도 주었다. 그것 먹고 식은땀으로 며칠 사경을 헤매다시피 있으면 여름방학은 금세 가버린다.

가끔 생각한다. 지루하지만 한없이 안온한, 울타리 너머에 무엇이 있을까, 부모님의 보호벽 너머가 늘 궁금했고 언젠가는 벗어나리라 다짐도 했던 사춘기를 어영부영 지나고 나이를 먹고 보니 지리멸렬

했던 시간이 추억이 되다니 스스로 놀랍다.

불가리아에서 태어난 마리아 굴레메토바의 작품 『울타리 너머』는 제목만으로도 마음을 멈추게 한다. 나 나름대로 할 말이 많은 탓이다. '울타리 너머 포식자' '울타리 너머 개고생' '울타리 너머 거친 자유' '울타리 너머 고독' '울타리 너머 새로운 세상' 이런저런 꼬리에 꼬리를 무는 상념이 잘 어울리는 여름의 나른한 오후, 'know(안다)'와 'so-so(소소)'가 함께 사는 으리으리한 정원이 딸린 저택은 그림으로 보아도 빈틈이 없다. 안다는 정말 사랑하고 있는 것처럼 소소에 대해 잘 알고 있다. 소소는 요즘 말로 '쏘쏘(그저 그런 평범한)'한, 서서 다니는 예쁜 돼지다.

스페인 건축가 안토니 가우디가 그랬단다. '직선은 인간의 선이고 곡선은 신의 선'이라고. 직선은 인간이 만든 인위적이고 질서 있는 선으로, 안정감과 효율성, 위엄을 상징하고 곡선은 자연이 만든 부드럽고 유연한 선으로, 신의 작품이자 온유함, 여유, 미적 아름다움을 대표한다. 이에 기대어 사실이 직선이라면 진실은 곡선에 가깝다. 안다의 소소를 향한 무례함, 많은 것을 통제하며 '사랑'이나 '보호' 또는 '가족', '친밀' 따위의 곧게 뻗은 직선으로 소소를 자신의 스타일로 다듬어간다. 바깥세상은 위험하므로 안전제일로 사는 것인 현명하다고 생각하는 직선의 방식을 고수하고 소소에게도 강요한다.

변광배 교수의 『사르트르와 폭력』은 20세기 뜨거운 철학자 사르트르가 '폭력'을 그의 사상과 소설 속에 어떻게 표현하고 나타나 있는지 잘 보여준다. 사르트르에 따르면 타인은 '나를 바라보는 자'이고,

타인이 지옥인 이유도 시선을 통해 나를 객체화시키는 존재이기 때문이다. 그런데 역설적으로 우리는 자신의 존재실현을 위해 타인의 시선을 갈망하기도 한다.

사물은 스스로에 대한 인식 없이 그 자체로 존재하는 반면 인간은 스스로에 대해 인식하는 존재이다. '나에 대한 인식'과 '나라는 존재 자체'가 불일치할 때 인간은 실존의 불안을 느낌과 동시에 나의 존재를 보증해 줄 타인의 시선에 대한 갈망이 생기게 된다. 하여, 타자는 나를 사물로 만드는 지옥인 동시에 나의 존재근거를 담보해 줄 수 있는 보증인의 역할을 하는 것이다. 안다와 소소의 관계다.

안다는 소소에게 어울리는 옷이 무엇인지, 어떤 놀이와 공부를 해야 하는지, 무엇을 먹어야하는지 뭐든 잘 알았다. 소소도 인정하고 받아들이기에 거절 할 수 없다. 경험으로 비추어 볼 때 대체로 안다의 말을 듣는 편이 훨씬 좋았기 때문이다.

어느 날, 안다의 사촌이 놀러와 잠시 자유시간이 생긴 소소는 산책하러 밖으로 나갔고 우연히 벌거벗은 야생 멧돼지 '산들이'를 만난다. 소소처럼 옷을 입지도 않았고 커다란 저택에 갇혀 살지도 않는다. 소소는 산들이 몸에 붙은 바람의 숨결이 자기에게도 옮아 금방이라도 울타리 너머로 뛰어가고 싶은 충동이 일어나기도 했다.

우리 안에는 안다와 소소가 함께 산다. 잘 제조된 자신을 바꿔가며 큐브처럼 깔 별로 모아 빈틈없이 사회성 좋은 도구로 가꿔온 날들이 오래된 벽의 못처럼 박혀있다. 우리는 어디서나 능숙하고 노련하며 유쾌하기까지 한, 일 잘하고 매너 좋고 나이스한 사람이 되고 싶었는지 모른다. 이런 기능은 칭찬을 복리로 들을 수 있는 좋은 쓸모가 아닌가.

하지만 또 다른 방엔 소소도 있다. 거미줄처럼 걸린 관계망과 어쩔 수 없는 상황에 눌려 작은 것부터 포기하다 보니 큰 것도 포기하기 쉬워진 상황들. 망설이고 우물쭈물하다가 어제와 비슷한 날을 보내며 '이정도면 괜찮다'고, 내일은 달라질지도 모른다고 스스로 위로하기도 하는 소소의 마음. 장마철 무럭무럭 자라는 곰팡이 균처럼 때가 되면 나타나 주눅 들게 하는 소소의 모습.

서로를 객체화 시키는 시선이 아닌 서로의 자유를 인정받는 방식으로 각자의 존재근거를 확보할 수 있는 방법을 모색할 수는 없는지, 누가 누구를 보호하고 따르는 식의 수직적인 관계 말고. 의사소통이 차단된 상태가 곧 폭력이 시배하는 상태라는 걸 안다가 알았다면 소소의 시선으로 자신(안다)도 존재를 인정받기위한 변혁의 삶을 살 수 있는 방법도 있지는 않을까 아쉬움이 남는다. 소소를 통제하느라 자신을 잃어가는 안다도 안타까웠다.

소소의 떠남은 익숙함 속에서는 자신을 제대로 보기 어렵기 때문이었고, 타인의 시선에서 벗어나고 싶은 욕구의 발현이다. 경험의 충격은 자아를 흔들어 떠나지 않으면 절대 일어나지 않을 성찰을 일으키기에, 떠남으로 내가 없는 자리에서의 나의 의미를 새롭게 발견할 수 있는 시간이 되므로 기꺼이 '산들이'와 동행했을 것인데 언젠가 단단해진 소소의 귀환을 기대해 본다.

요즘 주 삼사일은 낭성 시골로 출근한다. 뻣뻣한 직선의 내 일상에 곡선의 유연함과 존재의 근거가 되어주는 사람들이 있는 곳으로 가면 성지에 들어온 것처럼 안온하면서도 박진감 넘치는 시간을 보낼 수 있다. 가르치고 배우고 소통하며 존재의 충만을 느낀다. 직선과 곡선이 만나 예술이 되는 것처럼 물고기 비늘 같은 일상도 소통과 어울림으로 예술의, 예술적인 하루를 보낼 수 있다. 은근히 소소의 안부가 궁금하고 걱정되는 마음 한 켠에 더 넓고 깊은 세상에서 많은 숨결을 느끼며 살아가기를 응원하면서 자기 발견은 '물리적 거리' 뿐만 아니라 '심리적 거리'나 '내면의 집중'의 중요함도 슬쩍 말해주고 싶다.

열네 살의 봄, 나에게
『오직 토끼하고만 나는 나의 열네 살 이야기』
안나 회글룬드/이유진 옮김/우리학교

　친구들에게 시간을 되돌릴 수 있다면 언제로 돌아가고 싶은지 물었다. 대부분 지금이 평화롭고 좋으니 속 시끄러운 때로 돌아가고 싶지 않다고 말한다. 나도 그렇다.
　하지만 만약 공유(박해일?)같은 도깨비가 나타나 함께 가준다고 한다면 중학생이 막 시작할 무렵 열네 살 봄으로 가고 싶다. 다락이 있던 내방엔 거실로 통하는 문과 밖으로 통하는 문 두개가 있었는데 한밤 중에 가끔 부모님 몰래 나갔다 오곤 했다. 군데군데 녹이 슨 초록색 대문을 여는 것은 영화 〈나니아 연대기〉에서 장롱 속으로 들어가 다른 세계에 발을 들이는 마법 같은 일이었다. 겁이 많아 멀리 가지 못하고 동네 끄트머리에 있는 다리께 까지 몇 번을 오가며 보름달이 환한 날엔 문(moon)탠을 하며 서성였다. 그때의 시간은 몸과 영혼, 감정과 나이에 가지런히 쌓이며 기억 속에 퇴적되어 가끔 그날의 비슷한 향기나 나거나 바람의 결이 한 올 코에 감기면 어김없이 그날들이 소환된다.
　안팎으로 편안하던 시절, 뿌리 없는 땅에 간신히 발 딛고 선 풀이 되어 이리저리 휩쓸리며 밍밍한 시절을 보냈다. 모든 것에 예민함 때문인지 비를 맞고 걸어보기도 했고, 자전거를 타고 멀리 갔다 오기도 했다. 친구들과 함께 있을 때는 세상은 사라지고 우리만 있는 것처럼 즐거웠지만 혼자되었을 땐 막연한 죽음을, 세상의 끝을 상상했고 서른이 되면 죽고 싶다는 생각을 그즈음부터 했다. 그러다 변덕이 생기면 자전거는 바퀴에 바람이 빠지도록 내버려 두고 날씨에 반응하던 감정은 죽고 무기력한 시간을 보내면서 손끝하나 어쩌지 못한 채로, 살아있으니 살았던 시절이었다. 되 먹잖은 충동으로 잠식되던 시간, 머무는 일을 흐르는 일로도 착각할 정도로 신경이 쇠약해져 있었다.

『오직 토끼하고만 나눈 나의 열네 살 이야기』속에 들어가 한참을 유영했다. '세상의 모든 열네 살은 비슷했네.' 나도 모르게 작품 속, 열네 살 토끼에게 감정이입을 하고 있다. 내게도 누군가 '사람에게 가장 큰 적은 자기 자신'이라는 말을 해주는 멘토가 있었다면 방황을 덜 하지 않았을까. 산다는 일이 먼 길을 가는 일이라지만 열네 살은 샛길을 찾아 두리번거리는 나이지 않은가. 지금 가고 있는 길은 아름다운지, 옳은지, 자신에게 맞는지 모르기에 두렵기도, 흥미롭기도 한 것이 인생인가 싶기도 했던 나이였다.

열네 살 이후 어떻게 살았을까 토끼는. 여전히 자기와 친구하고 가끔 다투기도 하면서 생의 길목을 돌아 새가 알을 깨고 나오듯이 매번 도약을 위한 더 큰 세계를 향해 날아올랐을 테지. 그리하여 헤아려도 헤아릴 수 없는 세상의 시간이 촘촘하게 토끼 영혼 안에 박혀 타인의 눈에서 자신을 발견하고 자신도 세상풍경의 일부임을 깨닫는 어른이 되었을 것이다.

며칠 전 부산에 사는 친구에게서 전화가 왔다. 나이 오십이 넘어서야 자신의 정체를 알게 되었다며 입을 열었다. 딸이 우울증으로 치료 받기 시작했는데 부모 상담을 하다 보니 자신의 어릴 적 모습과 똑같 았다는 것이다. 자신도 딸 나이(열네 살)에 경계성 지능 장애를 갖고 있었다는 것을 알게 되었다 한다. 자주 자신의 행동을 스스로 통제하 거나 타인의 감정을 이해하지 못해 힘들었는데 그때는 자신이 다른 애들과 다르다는 것을 회피했었다한다.

하지만 그것이 대물림되고 있었던 것을 알게 되었고 지금이라도 딸의 눈 속에 있는 자신을 똑바로 볼 거라고 울먹였다. 멈췄던 친구의 열네 살은 자기 긍정과 직면함으로 딸과 함께 앞으로 나아갈 수 있을 것이며 두 모녀의 열다섯 살을 열렬히 응원했다. 그동안 겪었을 마음고생이 어렴풋 내게도 닿아, 아프고 저려 한동안 전화기를 귀에 대고 함께 울었다.

여전히 열네 살에 머물러있는 나를 마주할 때가 있다. 이제 그 아이를 일으켜 세울 수 있고 슬픔은 눈물만이 아니라는 것을, 보드라운 살구꽃 종종 달린 하루, 그립다가 붉어지는 노을빛에 얼굴을 가만히 내어주고 눈을 감으면 보이는 많은 나, 인간은 언제나 극복되어야 하는 존재라고 타이른다. 지난날의 지워지지 않는 기억은 질기게도 따라다니지만 더 이상 두렵지 않은 것은 땡볕 따글따글한 정오의 나무 그늘이 움푹해지도록 느긋해졌기 때문이다.

그만 놓아주려고 한다. 모자라고 부족했던 나의 열네 살을. 미숙한 많은 실수와 경솔하고 빠르게 결론 냈던 생각들에, 간절하지 않았던 날들에 그래도 괜찮다고 말해주고 싶다.

그때처럼 다시 봄은 왔고, 꽃이 먼저 피고 흔들리고 자라는 일에 자연은 언제나 진심임을 깨달으며 지금도 변하지 않는 것은 진심뿐인 삶인 것을 마음으로 확인한다.

시작의 계절과 무언가 피어나고, 무언가를 처음 느끼고, 스스로를 새롭게 알아가는 시간. 그 안에 설렘과 떨림, 호기심과 불안이 섞여 특별한 날들이 가득 할 세상의 모든 나이에게 손을 흔들고 싶다. 소소한 일상에 꽃이 피고 눈물에도 씨앗이 있으며 슬픔 끝에 달려 있는 기쁨 한 방울 받아낼 줄 아는 새로운 봄이 나에게 성큼 보폭을 넓히고 있다.

호모 비아토르(Homo Viator)
『길을 잃었어』
알리체 로르바케르 글/리다 치루포 그림/이승수 옮김/풀빛

진짜 여행을 하고 싶다면 여행지에서 길을 잃으라는 말이 있다. 당황하지 않는다면 낯선 길에서 신께서 선물처럼 주신 인연과 공간을 만날 수 있다고 길을 잃어 본 여행자들은 말한다. 히브리의 지혜자는 '계획은 사람이 세우지만 결정은 주님이 하신다.(잠언 16:1)'고 가르친다. 모든 일을 완벽하게 준비했다고 생각했는데 뜻밖의 변수가 생겨서 계획이 어그러진 경험이 우리 생애 얼마나 많은지. 여기, 길을 잃은 길이 있다.

작품 『길을 잃었어』는 길이 길을 잃어 아무렇게나 굴러가면서 생기는 여러 가지 일을 그렸다. 길 잃은 길의 이름을 붙인다면 '서툰 길' 정도면 맞을 것 같다. 길을 잃었다고 그냥 있을 수 없던 서툰 길은 전전긍긍하다가 일단 구르기로 한다. 커다란 나무를 만나면 숲을 둘러 돌아가고, 개미떼를 만났을 때는 목적 없이 굴러가는 자기보다 훌륭해 보이기에 피해서 가고, 오르막을 오를 때는 돌멩이와 부딪칠 때마다 서툰 길 옆구리의 한 조각이 떨어져 나간다. 힘들게 올라간 언덕길 끝에서 돌아선 자신이 걸어온 길의 모습은 신부의 면사포 자락을 닮았다고 뿌듯해하기도 한다.

길은 구르면서 자신의 길을 잘 가고 있는 걸까. 매번 장애물을 만나

면 피해가는 모습이 '저러다 언젠가 다치지'하고 생각하며 나를 보는 것 같아 안타까운 마음이 살짝 든다.

　세상은 너무나 아름답고 늠름하여 나 같은 사람은 안중에도 없었고 그런 세상을 향해 무조건 반항만하며 세상에서 잘 사는 방법, 사랑받는 비법 따위에 골몰하지 않고 마음대로 살았던 시간이 있다. 세상을 조금 아는 나이가 되니 마음이 넓어지는 대신 얇아져서 쉽게 스며들거나 찢어지는 서툰 길이 내 모습이 아닌가.

　돌아보면 한번 도 마음먹은 대로, 생각한대로 살아 본 적 없었던 것 같다. 그러면서도 망설이는 것은 아마추어라는 오만한 생각으로 주인공 서툰 길처럼 되는대로 살았음을, 실패하는 것보다 아예 도전하지 않는 것이 안전하다고 지내왔던 것은 아닌가 되돌아본다.

　서툰 길의 구르기는 자신의 생각은 없고 다른 이들의 말을 듣거나, 그들의 의견과 조율에 따라 맹목적으로 구르더니만 어느 지점에서 지쳐버리고 말았다.

　호모비아토르(Homo Viator)는 '여행하는 인간', 삶의 의미를 찾아 떠나는 존재를 지칭한다. 이는 프랑스 철학자 가브리엘 마르셀이 제안한 개념으로, 인간은 본질적으로 이동과 탐색을 통해 성장하는 존재라는 관점을 담고 있으며 철학자의 말이 아니더라도 우리는 인생을 길에 비유한다. 태양의 움직임에 따라 하루를 살아내는 것 자체도 여행이라고들 하지 않는가.

　가끔 이런 상상을 했다. 타임머신을 타고 다른 시공으로 가서 30년 정도를 살다가 다시 돌아와야 한다면 난 그곳에서 뭘 하지? 실상에서는 휴가기간에도 홈캉스를 즐기고 밖에서 자는 것을 좋아하지 않지만 난 분명 여행을 떠날 것이다. 새롭고 낯선 자연을 만끽하며 그곳에서 만난 사람들과 우정을 나누고 순례자를 흉내 내며 최소한의 짐으로 가볍게 새처럼 살다가 돌아 올 것이다. "여행은 생각의 산파다. 큰 생각은 큰 광경을 요구하고, 새로운 생각은 새로운 장소를 요구한다."고 알랭 드 보통은 말했는데 어느 정도 공감한다.

  이런 시간여행이 주어진다면 더 어른스러워지고, 더 현명해지고 지극한 시인이 되어 있지 않을까 하며 흐뭇하다. 혹, 우리 모두 필멸의 존재이기에 하루의 시간은 24시를 향해가는 여행일지도 모른다.

  서툰 길이 지쳐 가기를 멈추었을 때 한 소년이 다가와 함께 갈 것을 청하지만 서툰 길은 자신은 혹시 나쁜 길일 수도 있다고 소년이 가까이 오는 것을 거절하고 만다. 아, 바보 같은 서툰 길! 인생의 길에 '확실한 길'이란 게 존재할까, 확실하지 않음은 두려움을 동반하지만 가능성을 내포하고 있고 인연의 굴레를 만들어 함께 우산을 쓸 존재를 발견하는 일은 얼마나 가슴 벅찬 일인데 서툰 길은 외로움에도 불구하고 자기 확신이 없는 모습에 내 마음이 다 아프다.

  자신의 길을 부정하고 소중한 인연이 될 수 있는 만남을 거절하는 것보다 그것을 통해 배울 기회를 얻을 수 있다고, 그러면 좀 더 좋은 길을 만들어 갈 수 있다고 긍정하는 것은 어떤지 조심스레 서툰 길에게 귓속말이라도 하고 싶었다.

  우린 오늘도 여행을 하고 있다. 길이 보이지 않을 때는 주위를 둘러보며 이곳이 어디인지, 내가 무엇을 하고 있는지 앉아서 물 한 모금

하며 생각해봐도 좋을 것이다. 이것은 한눈을 팔거나 게으른 게 아니라 제대로 가기 위해 신중하고 있는 것이다. 인생은 지도 없는 여행이 아닌가, 길은 걸으며 만들어 나가는 것이다. 정해진 길이 없다는 것은 어디로든 갈 수 있다는 의미로 다가오기에 자신의 한계를 경솔하게 긋지 말고 하고 싶은 일을 향해 갈 수 없을 때는 지금 하고 있는 일에 조금 더 애정을 쏟는 최선의 시간도 필요하다.

  발아래 풀꽃과 주위의 나비와 한여름의 소낙비와 금세 사라질 것들을 이제 여행자의 눈으로 볼 시간이다. 길을 잃었든, 탄식으로 밤을 지새웠든, 어제와 같은 길을 가든 우린 매일 새로운 길 위에 있다.

그는 어디로 갔을까
너희 흘러가버린 기쁨이여
한때 내 육체를 사용했던 이별들이여
찾지 말라, 나는 곧 무너질 것들만 그리워했다
이제 해가 지고 길 위의 기억은 흐려졌으나
공중엔 희고 둥그런 자국만 뚜렷하다.
물들은 소리 없이 흐르다 굳고
어디선가 굶주린 구름들은 몰려왔다.
나는 어디로 가는 것일까, 돌아갈 수조차 없어
이제는 너무 멀리 떠내려온 이 길
구름들은 길을 터주지 않으면 곧 사라진다
눈을 감아도 보인다

어둠 속에서 중얼거린다

나를 찾지 말라……무책임한 탄식들이여

길 위에서 일생을 그르치고 있는 희망이여

-기형도, 「길 위에서 중얼거리다」 전문

자기가 자기를 구하는
『너울너울 신바닥이』 신동흔 기획, 글/홍지혜 그림/한솔수북

인간은 짧게 그리고 험난하게 살더라도 자신의 힘과 생명력이 고양되었음을 느끼고 싶어 하는 존재라고 한다. 진정한 의미에서 '행복한 인간'은 고난과 고통이 없기를 바라지 않고 그것들이 존재함에도 불구하고 정신적인 평정과 충일함을 느낄 수 있는 사람이라고 니체는 말한 바 있다. 요즘 민담이나 구전문학에 관심이 많다. 불우한 출생에도 불구하고 자기 삶을 있는 그대로 응시하고 꿈꾸는 존재의 전형 같아서다. 강원도 홍천군에 전해지는 민담을 그림책으로 펴낸 『너울너울 신바닥이』는 우리나라 판 신데렐라 남성버전이라고 하면 읽지 않고도 이해가 될 것 같다.

팔자라는 게 있다고 한다. 어떤 식으로 돌아가도 운명과 마주칠 수밖에 없는 상황, 죽음, 순간이 반드시 있다고. 심리학에서는 운명이 실제로 존재한다기보다, 사람이 스스로 해석하는 틀로 작동한다고 보았다. 자기에게 닥친 고통·불행·조건을 삶의 일부로 껴안고, 그것마저 나를 만드는 힘으로 살아간 신바닥이는 '잡아먹힐 운명', 소위 사나운 운명을 타고나지만 불행에 몰두하지 않고 차분하게 니체의 '초인'이 되어 정해진 운명 따위에 순응하지 않고 자신만의 새로운 길을 창조한다는 얘기다.

신바닥이는 귀한 집안의 삼대독자로 태어난다. 지나가던 스님의 '팔자가 사납다' 고 '호랑이한테 물려 갈 팔자'라는 한 마디에 금쪽같은 아들을 스님 손에 맡긴다. 죽는 것 보단 나은 선택이었으리라. 그렇다고 스님이 돈이 많은 것도 머물 곳이 있는 것도 아닌, 집도 절도 없이 떠도는 스님이었으니 스님은 그렇다 치더라도 아이가 겪었을 고생은 상상만 해도 안쓰럽다.

신바닥이 부모님은 전통 사회의 숙명론 '팔자대로 살아야 편안하다'를 거부했다. 반드시 이루질 것이라는 운명에 경우의 돌을 놓아 팔자가 올무가 되지 않도록 신바닥이 앞날을 빌어주며 아들 삶의 창조를 도와준 조력자였다. 신바닥이 부모님의 지혜와 명철은 사랑에서 나온 것이리라. 사랑한다면 자기를 떠나서 사랑하는 존재가 잘 된다면 그의 복을 빌어수는 것이 인지상정인가보다.

죽을 뻔한 고비를 몇 번 넘긴 신바닥이에게 스님은 하얀 두루마기와 파란 부채를 주며 '네 갈 길을 가라'고 사라진다. 잔심부름을 시키기 위해 반강제로 납치하다시피 했다고 그의 인품을 오해했지만 설화의 전형, 신바닥이의 두 번째 조력자였다. 운명을 고정된 답안지로 보지 않고 아이의 운명에 따르라 하지 않았으며 기꺼이 어린아이를 맡은 헌신은 자기가 받아 누릴 수 있는 하얀 두루마기와 파란부채를 내어 줄 정도의 내공을 갖춘 인물이었다.

신바닥이는 스님을 떠나 떠돌이 신세를 면하지 못하고 다니다 드디어 딸이 셋 있는 집 머슴이 되어 집 안팎의 굿은일을 도맡아 하며 먹을 것과 잠자리를 해결한다. 딸들로부터 '신바닥 같은 녀석'이라고 멸시까지 받지만 이렇게 된 자신의 운명을 부정하거나 회피하지 않고 묵묵하게 자신의 일을 감당한다. 그의 태도에서 나오는 고귀함을 알아챈 막내딸, 그녀만이 신바닥이 가치를 알아봐주고 친절함과 다정함으로 다가간다.

신데렐라 이야기와도 닮았다. 부엌에서 재를 뒤집어쓰고 불을 때는 것도 그렇고, 옷을 갈아입고 잔치에 가는 것도 그렇다.

두루마기를 입고 부채를 펴서 하늘을 나는 대목이 시원했는데 이것을 통해 주인공은 세속의 한계를 넘어 초월적 세계로 향하고 있는 것, 이 땅의 여느 사람들과는 다름을 보여준다. '너울너울' 하늘로 날아오르는 장면은 경계를 완전히 넘어서는 순간이다. 땅과 하늘, 속세와 이상, 비천과 귀함, 죽음과 생존의 경계가 허물어지면서 새로운 존재로 재탄생되는 순간이다. 하늘을 나는 행위는 더 넓은 가능성의 세계로 자신을 확장하는 '삶의 창조력'의 표현이며 종종 설화 속 '하늘'은 심리적 무의식에서 해방된 상태, 또는 초월적 통합을 상징한다.

인류는 어째서 자기극복과 해방된 인간을 끊임없이 탄생시키며 시대를 고무시켰던 걸까, 『바리데기』는 태어나자마자 버려진 아기가 노부부의 도움으로 죽음과 고난의 운명을 극복하고 변신과 구원을 이루는 내용으로 한동안 마음을 머물게 했다. 디즈니 영화 〈알라딘〉 역시 사회적으로 하찮은 계급에서 램프(조력자)를 얻어 새로운 세계로 진입해서 신분과 운명을 초월하며 사랑을 이룬다.

우리를 아래로 끌어내리려는 두려움과 걱정과 시기, 원한 같은 부정적인 감정을 니체는 '중력의 정신'이라고 명명했다. 생은 단순히 안락하게 오래도록 연명하는 것이 아니라 자신과 싸우며 스스로 극복해서 '힘을 증대 시키는 것'에 있다고 설화가 말을 걸어온다.

 신바닥이는 삶의 의미를 물으며 '쓸데없는 진지함'에 사로잡히지 않았다. 두려움이 있었겠지만 표시내지 않았고, 고단했겠지만 입 밖으로 소리 내지 않고, 조용히 경계 너머로 꾸준한 노력으로 건너갔다. 하여, 팔자는 없다.

 성장을 두려워하는 자가 딱딱한 신념을 만든다. 신바닥이에게 신념이 있었다면 그것은 죽음을 이긴 자유인의 태도 일 것이다. 그의 주체적인 자유로움이 어떤 상황에서도 웃음과 여유를 잃지 않고 자신을 팔자의 필연적 결말로 전락시키지 않았다.

 1994년 강원도 홍천에 사시는 오월선 할머니가 들려주시는 '너울너울 신바닥이' 설화는 운명에 끌려가기보다는 자기 힘으로 다른 길을 개척하는 모습이며 우리 민초의 여러 모습 속에 하나다. 고단한 운명 때문에 드러누울 이유는 세상 어디에도 없다고, 조금씩, 조금씩 완벽하진 않지만 느리게 한 걸음씩 앞으로 나아가 자유의지의 승리를 오래된 이야기로부터 배운다.

힘닿는 데까지
『다 같은 나무인 줄 알았어』 김선남/그림책 공작소

  삶은 또한 순간이어서 좋다. 아름다운 것을 보며 경탄 할 수 있고, 슬프면 눈물을 흘리고, 기쁘면 막 웃을 수 있는 그런 순간, 고통스러운 날, 어쩔 수 없이 아파하는 그런 날들로 이루어진 것이 또 삶이다. 각자의 삶의 선이 연결되어 면으로 만들어지고 입체가 되어 서로에게 필요한 존재라고 결론 내는 이런 세상이 좋다. 역시 사람이 필요한 사람이 좋다.

  허약하고 엉뚱한 어린 시절을 보냈지만 결국엔 뭔가 해내고야마는 사람이 될 줄 알았다. 사춘기 시절, 친구들은 이것저것 하고 싶은 꿈에 대한 이야기를 종종했었지만 나는 되고 싶은 것이 없었다. 그 순간, 그 하루, 그 시간이 전부였고 내일은 없을 것처럼 싸돌아다니고 친구들을 만나고 혼자서도 질펀한 즐거움의 시간을 보냈다.

  호기심도 왕성해서 궁금한 것이 있으면 탐색하는 과정 없이 일단 뛰어들었다가 그만두기를 아마 몇십 번은 한 것 같다. 찔러보고 건드려보고, 맛만 보고 다시 새로운 무언가를 찾고. 그래서 한 때, 이런 내가 양서류 같다는 생각을 한 적도 있다. 여기서도 살고 싶고, 저기서도 살고 싶고, 이것저것 해보고 싶은 게 많았던 시절을 보내고 이제 그럭저럭하게 살아가고 있다.

가끔 금요일에 생태교육연구소 '터'에서 진행하는 생태 모임을 따라 나설 때가 있다. 자연 속에 들어와 그네들을 들여다보면 내가 얼마나 작은 사람인지 실감한다. 무식하고 옹졸하며 자기만 생각하는 '나'에서 조금은 풀어지고 투명해져 숲속 바람결에 발걸음을 옮기며 옅은 꽃향기에 서서 킁킁거리고 도시에선 맡을 수 없는 향에 취해 휘청거리기도 한다.

땅에서 나오는 것은 대략 '나무', '풀', '꽃' 정도의 명사로만 알고 있는 나로서는 경이로운 경험이다. 나뭇잎 한 장에도 영이 깃들어 있다는 것과 그곳에도 생과 삶이 있다는 것을 알게 되어 식물에게서도 동질감을 주고받는다.

오래된 나무들 사이를 걸으면 나무들이 끝나는 곳에서 나의 고민도 흐려질 거라는 되잖은 신뢰가 있고, 다시 자연을 찾게 되는 것은 나의 고민에 무심한 나무들과 그것을 둘러싼 자연의 비정함에 알 수 없는 안도감을 느끼기 때문이다. 나의 고민 따위를 해결해주는 자연은 없다는 사실이 나로 하여금 더 꼿꼿하게 한다고 할까. 나무는 다만, 언제나 그곳에 있음으로 위로가 된다. 묵묵히 서서 제 할 일을 하는 생명체를 보면 그렇다.

특히 겨울의 나무들은 제 잎을 스스로 떨구고 앙상한 가지가 바람에 서로 부딪힐 때 아프겠다는 막연한 생각, 부딪힌 가지끼리 어떤 대화가 오고 갈까. 춥고 서글픈 서로의 시간을 위로해 줄 것만 같아 앙상한 나무 밑에 한참 서성거린다. 그들의 말을 내게도 들리지 않을까 하고.

박재삼 시인의 시구, '부끄러움 없이 시원하게 벗을 것을 벗어버린' 겨울나무에서 해탈과 초연의 마음을 읽는다. 나무는 겨울이 되어 난방을 하는 대신 가볍고 검소하게 부끄럽더라도 담담하게 견뎌낸다. 숨을 고를 때와 해사한 초록 옷으로 갈아입을 때를 알고 마침내! 햇빛이 살갗에 닿아 실핏줄 선명한 연두빛으로 생성의 시간이 되었음을 우리에게 시간으로 알려주는 나무는 지혜자이며 구도자이다.

그러하기에 겨울은 나무에게 속으로 자라는 시간이다. 나무의 살결은 겨울 숨결에 단단해지고 옹골진 속을 채운다. 안쪽은 두렵고 밖은 차갑기만 시간을 견뎌야만 하는 나무가 올곧게 존재하듯 우리인생도 그러하면 얼마나 좋을까. 겨울나무는 무릇 지킬만한 것보다 마음을 지켜야 할 때가 있다는 것을, 거기에서 생명이 나옴을 알고 있는 것이다.

처음엔 다 같은 나무인 줄 알았어.
연초록 싹이 나서 알았지.
은행나무였다는 걸.

주인공이 동네에 있는 나무들을 관찰하며, 겉보기에는 비슷해 보여도 각기 다른 나무임을 깨닫는 과정을 그린다. 은행나무, 계수나무, 벚나무 등 여러 나무의 특징을 소개하면서 각기 나무의 생장점이 다르고 빛나는 순간이 다른 것처럼 우리도 각자의 시간표 안에서 충분한 존재로 살아가야 함을 나무를 통해 배운다.

철학자 세네카는 『삶의 지혜를 위한 편지』에서 '제대로 살아가는 일은 모두가 이룰 수 있지만 오래 사는 일은 아무도 해낼 수 없다. 하지만 사람들은 제대로 사는 일에는 신경 쓰지 않고 오래만 살려고 한다.'고 말한 바 있다. 자신에게 주어진 범위 내에서 최선을 다하는 것이 참된 삶임을 깨달아야 한다는 지혜의 조언이다. 무언가를 위해 과도한 욕심을 부리라는 것이 아니라 오히려 무리한 노력으로 자신을 괴롭히지 말고 '힘닿는 데까지' 제대로 살아가기를 말한다. '힘닿는 데 까지 해 본다'는 말이 무모한 도전을 의미하지 않을 것이다. 오히려 자신의 한계를 인식하고 있다는 뜻으로 해석될 수 있다. 나무가 겨울이 되기 전, 스스로 잎을 떨구었듯이 누구에게나 그럴 때가 있지만 반드시 햇빛의 계절이 다시 온다.

김선남 작가는 "나무를 알아간다는 것은 세상을 알아가는 것과 같다. 왜냐하면 나무는 우리보다 훨씬 오래전에 생겨나 그 무수한 세월 속에서 저마다 다른 방식으로 다른 생물들과 더불어 살아가고 있기 때문이다."라고 말한다.

작은 나무는 정체를 알 수 없다. 계절이 지나고, 변화무쌍한 날씨를 온몸으로 견디고 추운 겨울과 여름의 열기 속에서 나무는 자신의 모습을 잡아 간다. 나무에 대해서든 사람에 대해서든 한 계절의 모습만으로 전체의 모습을 섣불리 판단하지 않기를 스스로에게 부탁한다.

여전히 삶의 고민은 만석꾼 부럽지 않은데 나무의 자라는 모습을 공부하며 나의 시간을 잠잠하게 받아들이고 마음의 여유와 바라봄이 언젠가 우리도 각자의 개성 가득한 삶으로 울창해지리라 믿는다. '나

는 자란다, 고로 존재한다, 힘닿는 데까지.'

3부

불편한 공감

까마귀는 검지 않다 『나는 까마귀』
미우/노란상상

내게 강 같은 평화 『커다란 집』
박혜선 글/이수연 그림/한솔수북

"꽃을 좋아하세요?" 『꽃을 선물할게』
강경수/창비

슬픔을 나누면 슬픈 사람이 두 사람이 된다 『단물고개』
소중애 글/오정택 그림/비룡소

가난한 사랑의 노래 『낱말공장나라』
아네스 드 레스트라드 글/발레리아 도캄포 그림 /신윤경 옮김

불 꺼진 무대에 오를 『그림형제 민담집』
그림형제/김경연 옮김/현암사

다시 만날 그대를 위해 『여섯 사람』
데이비드 매키/김중철 옮김/비룡소

변함없이 변해가는 존재 『배고픈 거미』
강경수/그림책 공작소

인간적으로 『이빨 사냥꾼』
조원희/이야기꽃

까마귀는 검지 않다
『나는 까마귀』 미우/노란상상

'우리 의식 속에는 언제나 우리가 미리 심어놓은 박수꾼이 있다. 그 박수꾼들이 지쳐야 비로소 예술 작품이 생기를 띠기 시작한다.『젖은 손으로 돌아보라 중에서』'는 황동규 선생의 아름다운 문장에서 잠시 숨이 멎는다. 지치고 아득한, 마음의 방 한 칸에서 자아를 몰아낸 사람의 담담한 고백 속에 진실한 예술은 겉 자아를 버린 속 자아와 자신의 외연이 마주한 그 자리에서 시작됨을 조용히 타이르고 계신다.

하지만 살아있는 문장으로 칠갑을 해도 매일 다가오는 알 수 없는 불안과 어두운 생각을 물리치기는 버겁다. 처음부터 내 속에는 박수꾼 조차 없었을지도 모른다고 생각하며 마음을 다스리지 못하는 날엔 도서관엘 간다. 책을 좋아하지만 도서관은 좋아하지 않는다. 숨 막히도록 빽빽하게 꽂힌 책을 보면 기가 질린다. 번호표를 등에 붙이고 기호로만 남아 기계적으로서 있는 모습이 코뚜레를 한 황소를 보는 느낌이랄까.

도서관을 배회하다 발견 한 책『나는 까마귀』다.

연암 박지원의 까마귀에 대한 시를 읽고 영감을 받아 쓴 작품이라니 더 궁금해진다. 연암은 젊을 적에 우울증으로 거식증과 불면증이 있었는데 저잣거리에서 민옹을 만나 함께 보내며 우울증을 고쳤다는 에피소드를 읽은 적이 있다. 그 외에 우울증 극복은 휴식과 게으름, 그리고 벗들과의 대화를 꼽기도 했다. 그의 우울증 치료가 마음에 와 닿아 한동안 주기적으로 시장을 걸었던 적도 있었는데 확실히 몸과 마음에 활기가 묻어났다. 언젠가 그의 산문에서 '까마귀는 검지 않다'라고 말한 것을 기억하는데 그것과 연관이 있는 작품이었다.

까마귀가 날개를 다친다. 아무것도 할 수 없는 까마귀는 자신의 날개 색과 비슷한 겨울 숲으로 숨는다. '아무것도 할 수 없다'에서 느껴지는 상실감의 색깔이 내 것과 흡사할 거란 생각에 눈이 커진다. 누구의 눈에 띄고 싶지 않고, 아무 말도 듣고 싶지 않았던 까마귀는 이것저것 주워 모아 몸을 가린다. 그럴수록 바람에 실려 오는 소문은 '까맣고 불길한 새', '음침한' 까마귀는 숨어도 숨어지지 않는다고 발 없는 소문은 떠돌고 있었다. 까마귀는 더욱 자신의 색을 감추고 다른 새의 깃털과 화려한 나뭇잎으로 자신을 꾸미기 시작한다.

자신의 존재를 부정당한 까마귀는 본래 모습을 찾을 수 있을까, 괜히 가슴을 졸인다. 생각해보면 소문보다 자신을 규정하고 한계를 짓는 것은 까마귀 본인일지도 모른다.

천국과 지옥은 공간이 아니라 상황이다. 타인(소문)과 결탁해서 자신을 절망으로 몰아넣으려는 마음은 어디서 시작된 것일까, 부러져 초라해진 날개를 보듬고 위로하기보다 자신에게 겨눠진 화살을 피하느라 애쓰며 '다시 날 수 있을까' 하는 공포가 아니었을까.

'더 예뻐지고 싶은 나', '사람들에게 인정받고 싶은 나' 좋은 말만 듣고 싶어 정작 해야 할 말은 자꾸 미루는 나의 모습이 떠오른다. 이

불킥 날리며 좀 더 정확한 표현, 좀 더 확실한 말이 생각나 몸부림치며 그 시간으로 돌리고 싶은 그 날의 상황이 계속 마음에 기어 올라온다. 괜찮은 척, 몹시 편향적이고, 자기비하적인 생각과 파생되는 불안과 두려움은 '불길한 까마귀'라는 낙인처럼 스스로 '내가 하는 일이 그렇지 뭐'라는 십자가에 두 손과 발을 못 박아 버린다.

 숲속의 화려한 잎, 공작의 깃털을 자기 몸에 꽂는다고 본질이 바뀌지 않는다는 것은 우리도 알고 까마귀도 알고 있지만 자기 확신 없는 우리는 조급하게 자신을 포기하거나 타인을 쉽게 좇아간다. 조급함 때문에 빨리 성과를 보여주고 싶고, 보여주어야 한다는 강박증에 사로잡혀 방향을 잃는다. 곧 스스로를 압박하는 삶은 방향을 잃고 부유하다 평가받는 것만이 목적이 되어 통제할 수 없는 불안이 가득 찰 때는 자기를 좀 놔두자. 안 그래도 힘든데 자신에게 독재가가 되는 것은 스스로에게 가혹하지 않은가.

 생각 없이 하던 일을 하자. 신호등을 잘 지키고, 우회전 할 때는 언제나 조심해서, 길에 쓰레기 버리지 말고, 다음 사람을 위해 문을 잡아주고, 꼭꼭 씹어 밥 먹고, 수저를 먼저 놔주고, 사소한 일에도 고맙다고 말하고, 귀찮지만 나갔다 들어올 때는 동네 한 바퀴 돌고 나서 들어오고, 보도블록 사이에 핀 들꽃을 찾아보고.

 이럴 때일수록 하던 일을 좀 더 촘촘하고 정성스럽게 해보는 거다. 내게 흥미로운 것은 과자 봉지에 있는 글씨를 다 읽어 보는 것이다. 애매한 화학용어를 발음하다 보면 시간이 휙 지나간다. 우리에게 시간은 너그럽고 생이 다하는 날까지 아직 보여줄 것이 많다는 것을 잊지 말자. 그렇게, 그렇게 시간을 보내다 보면…… 어느 날.

"저 새는 이름이 뭐예요?"
"까마귀란다."
"까마귀 색이 저렇게 아름다워요?"
"그래, 까마귀가 늘 까맣기만 한 건 아니지."
"하늘빛에 물들어 금빛으로도, 자줏빛으로도, 비췻빛으로도 빛나거든."

자기가 까맣기만 한 까마귀가 아니라는 목소리를 듣자 까마귀는 귀가 번쩍 뜨인다. 온몸에 강한 힘이 넘쳐나고 자신감이 생긴다.
그러나 생각해보자. '불길하다는 까마귀'란 말도 '아름다운 까마귀'란 말도 외부에서 들려오는 소리다. 타인이 하는 평가의 말은 듣기 좋은 말이든 그렇지 않든 휘둘릴 수밖에 없다. 외부에서 들리는 소리를 무시하라는 말이 아니라 자신을 말해주는 것은 자신 밖에 없으니 자기를 심하게 다루지 말기를 바란다. 나는 나대로, 당신은 당신대로 우리는 이미 의미 있는 존재다. 사는 동안 끊임없이 해야 하는 일은 '나를 알아가는 일'이다. 이는 태어난 존재의 이유를 알아가는 것이며 풍요롭게 살기 위한 선택이 '나'를 알아가는 일에 있다.
헤세도 화요일에 할 일을 목요일로 미루지 못한 틀에 박힌 사람이 되고 싶지는 않다고 했다. 이런 딱딱한 무식의 껍질을 깨주는 아름다운 문장을 읽을 때마다 차분하지만 자유롭고 느긋한 기운이 내게도 스미는 것 같아 덩달아 느슨해진다.

'까마귀는 검지 않다. 눈과 귀에 현혹되지 말고 마음으로 보아야 한다.'와 비슷한 문장을 또 읽은 적이 있다. '이제 비밀을 알려 줄게 아주 간단해, 그건 오직 마음으로 봐야 올바로 볼 수 있다는 사실이야 중요한 건 눈에 보이지 않아'라고 말한 『어린왕자』의 여우의 조언.

다시 읽지 않겠다던 어린 왕자를 책장 어딘 가서 찾아 읽어 보리라, 모든 것에는 한 가지 색깔만 있지 않기에 마음으로도 볼 것을 다짐하는 생각의 올을 잡아당긴다.

아! 저 까마귀를 보라.
그 깃털보다 더 검은 것이 없다.
그러나 홀연히 유금 빛이 일렁이고, 다시 석록 색으로 반짝인다.
해가 비추면 자줏빛이 떠오르고, 눈이 어른어른하더니 비취빛이 된다.
그렇다면 내가 그 새를 까마귀라고 말해도 괜찮고,
다시 붉은 까마귀라고 말해도 괜찮을 것이다.
그 새에게 본디 정해진 빛이 없는데,
내가 눈으로 먼저 정해버린다.
어찌 눈으로만 정했으리오.
보지도 않고도 마음으로 미리 정해버린 것이다.
〈연암 박지원 『연암집』 제7권 별집 중 능양시집서에서 발췌〉

내게 강 같은 평화
『커다란 집』 박혜선 글/이수연 그림/한솔수북

생의 온도를 온전히 깨닫기 시작하면 삶은 상대적인 평가를 멈추게 되므로 마음은 소용돌이 없는 호수가 되지 않을까 소망한다. 그렇지만 삶은 부족한 채로 온전한 것이니 깨달음도 지혜도 조금 부족한 것이 좋다. 지나온 생의 징검다리를 보면 고단하기만 한 삶에도 눈부시게 아름다웠던 날이 책갈피 속 네 잎 클로버처럼 있었고 그 날들은 오늘이라는 시간위에 매일 우리 눈앞에 나타난다. 그러니 이미 지나간 것에 미련을 두거나 후회 할 일은 없다.

그림책 공부를 했던 적이 있다. 아무것도 모른 채 준비도 없이 욕심만 가지고 덤벼들었고 이룬 것도 없이, 건진 것이 있다면 나의 보잘 것 없음과 바닥을 보인 창의성과 나의 간절함은 진실함이 함량미달이며 불순물이 많이 섞인 탐욕이었다는 것을 깨닫게 되었다. 어쩌면 참으로 큰 깨달음이라고 할 수도 있겠다. 이후에 더 공부하고 싶은 생각이 있었지만 시간이 안 맞아서 무산되었고 출판사에서 전부 퇴자 맞은 원고만 남은 채로 그림책 공부는 미궁에 빠져있지만 언젠가 다시 건져 보리라.

여러 날 괴로웠지만 애써 참으며 간간히 회피하고 가끔 슬쩍슬쩍 비껴서 보이는 나의 작음과 어설픔에 몸부림치는 날이 더러 있었고

'끝날 때까지 끝난 게 아니다.'라는 떠도는 말은 가슴에 심어 키우고 있는 중이다.

지도해 주시던 선생님께서 새 작품을 내셨다고 한다. 누구보다 먼저 구입해서 단숨에 읽었다. 아! 그렇구나. 그녀가 강조했던 이론들이 잘 녹아 있었고 뭐든 채비 없이 성급하게 달려드는 경솔함이 새삼 부끄럽다.

작품 속 주인공은 집을 갖고 싶어 현재의 모든 즐거움을 포기하고 열심히 일한다. 친구를 만나거나 바닷가를 거닐거나 책을 읽거나 하는 일은 나중에 해도 된다고 생각하고 돈 버는 일에만 몰두했다. 그의 유일한 행복은 오직 집! 일상을 포기하고 집을 장만한 그는 행복하게 살았을까. 아니, 집을 장만한 당신은 여전히 행복한가? 십중팔구 행복은 삼시, 또 다른 욕심으로 자신을 들볶거나 함께 자는 사람을 볶고 있을 것이다. 행복은 도덕경 첫 장에 나오는 '도가도 비상도(道可道, 非常道)'처럼 행복이라 이름을 지었더니 행복은 벌써 저만치 가고 있는 당황스러운 현실을 우리는 경험한다. 하여, 행복은 반드시 주관적이어야 하고 비교불가여야 하며 나만의 고유한 것이어야 한다는 것을 조금씩 알아간다.

애석하게도 집을 위해 질주한 주인공은 친구 집에서 화려함과 웅장함, 집안 가득 채워진 세련된 물건들에 흠뻑 기죽어 돌아온다. 그리곤 스스로에게 생각할 시간을 주지도 않은 채 더 많은 물건을 집에 들여놓고, 더 좋은 집을 사기 위해 또다시 일상을 포기한다.

목표를 이루고도 만족할 수 없는 낭패감이 저만치서 빛의 속도로 달려온다. 어쩌면 우리는 일생을 집에 있는 화장실 하나씩 늘리기 위해 이토록 열심히 살고 있는지도 모른다. 우리 집은 화장실이 하나다. 아이들이 셋이니 학교 다닐 때는 줄을 서야 했고 급할 때는 아파트 관리사무소를 이용하거나 근처 할아버지 집을 들락거리기도 했다. 가끔 그랬다. 가끔.

혹, 화장실 두세 개 있는 집에 놀러 갔다 오면 '그 집 좋더라.'를 연신 남발해서 민망하기도 했고 미안한 마음이 많았는데 지금은 하나의 추억으로 남았다.

지나고 나면 모든 것이 별거 아니게 되는구나 하는 신비한 경험을 요즘 한다. 지금도 우리 집 화장실은 하나고 앞으로도 그럴 것이다. 더 원하지 않음으로 낭패를 피할 수 있다는 소박한 결론에 나는 만족한다. 진정한 부자는 많은 것을 소유한 사람이 아니라 '필요를 느끼지 않는 사람'이라는 말이 있듯이 끝없는 소유에 의해 삶의 행복이 결정되는 것이 아니라 멈출 때를 아는 지혜가 우리를 만족하게 한다.

가지고 있지 않은 것에 헛물 켜서 가지고 있는 것을 망치지 말았으면 좋겠다. 욕심내는 것과 가질 수 있는 것 사이의 간격을 좁혀 균형을 잡고 나의 정신 줄도 잡는 것이 지치지 않고 웃을 수 있는 비결이다. 나의 바깥 세계와 내면세계, 두 왕국의 절충과 합의 속에서 불안의 수위를 낮추고 자신에게 필요한 몇 가지로도 삶은 풍부해질 수 있다는 것! 이 어려운 일을 주인공은 해낸다.

고대 그리스 철학자 에픽테토스(스토아학파)는 노예로 태어나 자유인으로 철학 선생이 되어 그런지 평생 '자유와 노예'를 논의로 삼았다. 그는 '자유'란 원칙적으로 인간이면 누구나 누릴 수 있는 '정신적 자유'와 자기 자신이 스스로에게 부여해서 만든 정신적 부자유를 '노예'라고 주장했다. 우리는 사회 통념과 문화의 시류의 상자 속에서 '반드시~한다.'는 고집으로 살고 있는 것은 아닌지, 많은 걸 누리고 있는 것처럼 보이지만 정신적인 '노예'로 살고 있는 것은 아닌지 돌아볼 일이다.

점점 오래되어 가는 나는 오래된 우리 집에 감사한다. 커다란 집에 집착해 지금의 만족을 잊고 사는 배은망덕은 하고 싶지 않다. 낭패감과 허무함은 삶에서 실망을 맛본 사람들에게 필연적으로 찾아오지만 이 실패의 고독감 속에 숨지 않고, 있는 그대로 살았으면 좋겠다.

숨 쉬고, 말하고 행하는 것이 나무를 만나면 나무 같아지고, 바람을 만나면 바람 같아지고, 숨결을 만나면 숨결 같아지길 바란다. 기쁨을 팔아 재미를 사고, 쾌락을 위해 진정한 사랑을 포기하고, 편안 때문에 평안을 못 누리는 어리석은 짓 하지 말자고 대책 없이 덤비기 좋아하는 스스로에게 조용히 타이른다.

"꽃을 좋아하세요?"
『꽃을 선물할게』 강경수/창비

한 남자가 강도를 만나 돈을 빼앗기고 피투성이가 되어 길가에 쓰러져 있다. 마침 한 제사장이 그 길로 내려가다가 그를 보고 피하여 지나가고, 또 레위인(종교지도자)도 그곳에 이르러 그를 보고 피해 지나쳐 갔지만 어떤 사마리아인은 여행 중 거기 이르러 그를 보고 불쌍히 여겨 가까이 가서 기름과 포도주를 그에게 붓고 싸매고 자기 짐승에 태워 주막으로 데리고 가서 돌보아 준다. 떠나면서 주막 주인에게 이 사람을 돌봐 달라고 부탁하면서 비용이 더 들면 돌아오는 길에 갚겠다고 말했다.

이 이야기는 성경 속 '선한 사마리아인'에 대한 예화다. 이런 배경에서 유래된 '착한 사마리아인법'이 세계적으로 시행 중인 나라가 꽤 있다. 1997년 영국의 왕세자빈 다이애나 스펜서가 파파라치들의 추적을 피하려다 교통사고로 사망하자 법원은 파파라치들에게 과실치사, 사생활 침해 외에 착한 사마리아법인 '구조거부죄'를 추가 했다. 사진만 찍고 적극적으로 구조 활동을 하지 않았기 때문이다.

미국의 경우 1964년 한 여성이 귀가 하던 중 강도를 당해 구조를 요청했지만 많은 목격자가 신고조차 하지 않아 결국 살해되는 사건이 발생한 이후 '제노비스 신드롬'으로 불리며 방관자 효과의 대표

사례로 꼽힌다.

프랑스는 구조를 거부하면 최고 5년 이하의 징역에 처한다. 그 밖에 독일, 벨기에, 핀란드, 이스라엘, 호주와 캐나다 일부 주에서 자기 또는 제3자의 위험을 초래하지 않을 때에는 위험에 처한 사람을 구조할 의무를 부과하고 있다.

강경수 작가의 『꽃을 선물할게』는 거미줄에 걸린 무당벌레가 지나가는 곰에게 '살려 달라'고 애원하면서 이야기는 시작된다. 곰과 무당벌레는 관련성이 없어 보인다. 곰은 무심하게 무당벌레의 상황에 담담해하며 '자연의 법칙을 어길 수 없다'고 외면한다. 무당벌레의 운명이라는 거다.

무당벌레는 자기 목숨이 걸린 문제이기에 두 번째 만남에서는 곰에게 필사적으로 다시 살려달라고 부탁하며 자기는 7년이나 땅속에서 애벌레로 있다가 이제 겨우 밝은 햇빛을 보러 나왔는데 이대로 죽을 순 없다고 항변한다. 그러자 곰이 "그건 매미 이야기 아니야?"라고 핀잔을 주며 그 자리를 떠난다. 살고 싶어 아첨하고 거짓말까지 하는 무당벌레가 얄밉다고 생각한다. 역시 무당벌레가 거미에게 잡혀 먹는 것은 위대한 자연의 법칙이며 거미가 잘 먹어야 곰이 제일 싫어하는 모기를 잡아 줄 수 있다고 믿는다.

시간은 흘러 저녁이 되었다. 무당벌레가 거미줄에 잡힌 숲길을 하루에 세 번을 지나가게 된 곰은 무당벌레를 다시 만난다. 이제 곰은 '너 아직도 안 죽었니?' 하는 눈빛이다. 무당벌레는 여전히 희망을 버리지 않고 곰에게 제발 살려달라고 말하지만 거미는 이로운 곤충이니 "널 놔주면 거미가 굶는다."고 다시 거절한다. 야속한 곰이다. 앞발 한번 시원하게 휘적거리면 무당벌레는 금세 벗어날 수 있을 텐데 곰에게 작은 친절을 바라는 것은 무리인가.

그 순간은 놓치지 않은 무당벌레의 한 마디

"곰님은 꽃을 좋아하나요?"

"당연하지 꽃을 싫어하는 동물은 본 적이 없는 걸"

"거미님은 모기를 잡아주지만 저는 꽃에 있는 진딧물을 잡아먹는 걸요, 저도 이로운 곤충이에요" 드디어 무당벌레가 자신을 어필한다. 그리고 결정적인 한 방!

"곰님이 꽃을 좋아하신다면 적어도 한 번쯤은 저를 거미줄에서 구해 줄 의무가 있는 거죠."

곰이 무당벌레를 처음 만났을 때 그는 무당벌레를 '자연 법칙에 따라 희생될 수밖에 없는 곤충'이라는 객체로 본다. 그러나 무당벌레의 존재가치(꽃을 피우도록 돕는 역할)를 인식하는 순간, 곰은 무당벌레를 '너'로 받아들이게 되고 관계가 바뀐다.

모든 존재는 그 자체로 고유한 가치를 가지며 서로 연결되어 있다. 곰, 무당벌레, 꽃, 들판은 분리된 개체가 아니라 상호의존적 생명망의 일부이다. 한 존재의 생존이 다른 존재의 풍요로움을 만든다는 점에서 개인의 선택은 생태적, 윤리적인 함의를 지닌다고 볼 수 있으며 이는 타인을 수단이 아닌 목적으로 보는 태도의 중요성을 시사한다.

우리나라 국회에선 '착한 사마리아인법'이 계류 중에 있다. 공중에 계속 떠돌기만 하고 법제화가 되지 못하는 여러 이유가 있겠지만 개인의 자율적 도덕심에 죄의식과 범죄자란 낙인이 될 수도 있는 만큼 신중해야 한다는 것이 사회 전반적 흐름이다. 사회적 책임강화라는 긍정적 효과와는 달리 적용의 모호성, 개인의 자유 침해, 도덕과 법의 괴리 등 문제점이 지적되고 있는 게 현실이다. 결국 착한 사마리아인법의 도입 여부는 개인의 자유와 사회적 책임사이의 균형을 어떻게 잡느냐에 달려 있다고 볼 수 있다.

한 사회의 도덕은 개별 도덕이 아니라 공동체 속에서 관계와 전통을 이어가는 실천에서 완성된다. 아무튼 몇 번의 시행착오와 설득이 있었고 곰의 선택은 이듬해 들판을 꽃으로 물들이며 '공동체 이야기'가 되었다. 곰을 보며 혹시 '내 모습이 아닐까' 섬뜩한 생각을 했다. 우리 사회 곳곳에 피투성이인 채로 살아가는 무당벌레를 보며 '나와 상관없으니까', '괜히 끼어들어 귀찮은 일이 생길까봐', '혹시 손해 보게 될지도 모르잖아' 하는 마음 한구석, 비닐 태우는 냄새 같은 매캐한 나의 인간성을 곰을 통해 들킨 것 같아 개운하지 않다.

"누가 강도를 만난 사람에게 이웃이 되어 주었다고 생각하느냐?" 율법 교사가 "그에게 자비를 베푼 사람입니다." 하고 대답하자, 예수님께서 그에게 이르셨다. "가서 너도 그렇게 하여라." (성서, 누가복음 중에서)

이천 년 전, 예수님의 말씀이 작금에도 유효한 것은 생의 한가운데서 우리는 착한 사마리아인도 될 것이고 강도만난 사람도 될 수 있다. 우리는 타인에게 나누어 줄 인정의 샘을 갖고 있으면서도 자기의 에고(ego)에만 바치고 있어 사막처럼 사회가 말라버리는 것은 아닌지.

"꽃을 좋아하세요?" 무당벌레의 말이 "당신이 사회에서 안전하게 살고 싶다면 어려운 사람을 한번쯤은 도울 의무가 있답니다."로 들리는 흰 꽃이 만발한 6월의 어느 선선한 저녁이다.

슬픔을 나누면 슬픈 사람이 두 사람이 된다
『단물고개』 소중애 글/오정택 그림/비룡소

봄이 더디 오더니 엄마는 참지 못하시고 응급실 들러 봄의 목덜미를 쥐고 다시 누우셨다. 해사한 빛이 엄마 이마를 쓸고 지나가도 예전처럼 웃지 않지만 검버섯 한 쪽 없는 얼굴은 여전히 곱기만 하다. 오늘은 엄마를 간호하시는 아빠의 공식적인 '외박의 날'

초등학교 동창모임으로 제천에서 일박을 허락받은 날이고 빈 시간은 나와 동생이 메꾼다. 작년엔 한 분이 돌아가셨다고 들었지만 늘 백 프로 출석률을 자랑하시는데 나는 메고 가신 배낭을 더 기다린다. 불룩해진 배낭 속엔 수확물이라며 받아오신 참기름이나 서리태나 들깨, 된장이나 고추장 조금씩, 더러 함께 드시다 남은 호박엿이나 쌀과자도 들어 있다. 어릴 적, 아빠가 늦게 귀가 하시는 날이면 잠 안자고 은근히 기다리던 날을 소환하게 되는데 지금도 과자를 매우 좋아하는 내 모양을 보면 아빠 탓 같다며 히죽 웃는다.

『단물고개』수업을 하면 늘 부모님 생각이 난다. 순수창작물이 아니라 전래동화이기에 정말로 어디선가 일어났던 일처럼 느껴지기 때문이다. 등장인물은 나이 드신 어머니와 아들 총각, 마음씨 착한 총각은 매일 나무해서 장에 내다팔아 어머니를 모시는 효자다. 쉬지 않고 일을 해도 살림은 퍼지지 않았지만 장에 가면 언제나 생선을 사다

구워드리고 봄, 여름 마당에 꽃을 가꾸어 어머니를 기쁘게 한다. 총각의 세상은 어머니가 전부인 것처럼 느껴진다. 이런 효심을 하늘이 감동했던 걸까, 산속에서 먹어 본 적 없는 달콤하고 박하처럼 시원한 옹달샘을 발견한다.

고갯마루에서 움막을 짓고 샘물 장사를 시작하면서부터 총각은 삶이 완전히 달라질 것이라고 생각하지 못했을 것이다. 처음엔 단순히 다른 사람과 나누고 싶은 마음이었고, 돈을 조금 받자고 생각했을 뿐이었다. 그러나 생각보다 장사가 잘되었다. 어머니를 돌보는 일은 이제 중요하지 않았으니 삶의 가치가 사람에서 물질로 옮겨지는 순간이다. 소박하고 무채색이던 그림책이 총각의 욕망을 읽을 때부터는 주황색으로 번져가며 그의 마음을 잘 표현했다. 확실히 욕망은 총천연색이고 화려하다.

심리학자 에리히 프롬은 현대인이 물질적 소비를 통해 자기만족을 찾으려는 경향이 있지만, 이는 오히려 삶의 공허함을 불러일으킨다고 지적한다. 물질적 소유에 대한 과도한 욕망의 집착은 개인의 삶을 계속 하향 직선으로 떨어뜨리고, 진정한 만족을 얻지 못한다.

돈을 벌었고, 버는 중에도 총각은 돈을 쓸 생각은 하지만 행동에 옮기지 못한다. '돈을 벌면 집도 사고 예쁜 여자 만나 장가도 가야지' 하지만 돈 버느라 정작 해야 하고, 하고 싶은 일은 할 수 없는 지경이 되었다. 어머니를 돌보는 일은 생각 저 멀리 사라진 지 오래다.

엄마가 쓰러지기 몇 년 전에 우리 집안 여성들만 한적한 시골 펜션에서 일박하며 시간을 보냈던 적이 있다. 여름 저녁, 평상에서 숯불에 고기 구워 먹고, 해가 지지 않은 고샅길을 걸어 작은 분교 운동장을 돌아보기도 하고, 밤하늘의 별을 보며 엄마와 딸들, 또 그녀들의 딸들이 모여 별로 웃기지 않은 이야기에 깔깔거리던 기억. 지나고 나니 집안 여성들의 마지막 나들이였다. 얼마나 행복했나, 나 그때 많이 웃었나, 마음껏 누렸나 더 크게 웃을 걸, 더 안아주고 더 이야기 할 걸. 해묵은 후회가 위 작품 수업할 때마다 소용돌이친다.

삶을 살아갈수록 평범한 가치가 얼마나 귀한지 알게 될 때가 있다. 어머니를 형편껏 모시는 일, 성실함으로 생계를 유지하는 일, 시원한 물 한잔을 고마워하는 일, 등의 일상은 하던 일을 멈추고 생각하지 않으면 발견하기 쉽지 않은 평범하고 속 깊은 진리다.

노자의 도덕경 12장엔 오색령인목맹(五色令人目盲), 오음령인이롱(五音令人耳聾), 오미령인구상(五味令人口爽)이라 하여 '화려한 색깔은 사람으로 하여금 눈을 멀게 하고, 자극적인 소리들은 귀를 어둡게 하며, 입에 단 음식들은 사람의 입맛을 병들게 한다.'고 했다. 노자의 말씀은 탐욕이 사람을 타락시키는 과정을 담았다. 또한 난득지화영인행방(難得之貨令人行妨)이라 하여 얻기 힘든 물건에 마음을 빼앗기면 사람의 행동은 무자비하게 된다고도 경고하셨다.

이처럼 물질적 욕망은 단순한 필요를 충족시키는 것을 넘어, 사회적 인정을 추구하는 방향으로 변형된다. 필요한 만큼만 얻으려 하지 않고 많으면 많을수록 좋고, 많으면 쾌락을 즐길 수 있다고 판단하고 거기에 매몰되어서 무엇이 중요한지 모르게 된다.

총각의 탐욕은 깊어져 작은 옹달샘으로는 만족할 수 없기에 곡괭

이로 작은 옹달샘의 웅덩이를 찍어 더 크게 파면 물도 많이 나오고 돈을 더 많이 벌 수 있다는 계산으로 옹달샘을 곡괭이로 찍어 버린다. 결말은 당신이 생각한대로다.

  한순간에 모든 것을 잃은 총각에게 마지막 남은 일상의 한 조각이 있었다. 늙으신 어머니다. 돈과 재물을 좇아 질주하던 총각이 집으로 돌아왔을 때 어머니는 총각을 여전한 모습으로 받아 주신다.

  엄마의 질병은 우리 가족에게 새로운 일상을 선물했다. 지척에 살았지만 안부전화도 안하던 큰 딸은 출근길에 엄마 집에 들러 안색을 살핀다. 지금은 주1~2회 가서 반찬을 해드리고 조금이라도 내 곁에 오래 있어 주길 바라며 기도한다. 24시간 엄마를 돌보는 아빠께 가끔 자유시간을 드리고 여느 때 보다 건강을 살핀다. 일상이 얼마나 소중한지 알기에 오늘도 귀찮은 엄마 표정에 추파를 던지며 잔소리도 하고 오른발과 손을 주무르며 하루를 시작한다. 슬픔을 나누면 슬픈 사람이 두 사람이 된다는 것은 연대의 다른 말이라고 생각하며 엄마의 슬픔에 참여하여 그녀의 쓸모가 되고 싶다.

가난한 사랑의 노래
『낱말공장나라』
아녜스 드 레스트라드 글/발레리아 도캄포 그림 /신윤경 옮김

　세상에는 아름다운 글이 많다. 아름다운 글은 나에게 더 나은 사람이 되고 싶은 충동을 돕고 변화무쌍한 시대를 살고 있고 인간의 역사와 함께 오랜 시간 흘러 왔지만 글의 가치는 늘 현재형이다. 생각과 말은 글의 모(板)판이다. "독자의 탄생은 저자의 죽음이라는 대가를 치러야 한다."는 롤랑 바르트의 말은 텍스트가 더 이상 저자의 의도를 추종하지 않고 독자와의 관계 속에서 의미를 생성한다고, 글은 저자의 손을 떠나는 순간 독자 것이 됨을 강조한 것이니 그러므로 글은 소유할 수는 있어도 사유(私有)될 수는 없다.
　만약 당신이 낱말을 돈을 주고 사는 나라에 살고 있다면 어떤 낱말을 사고 싶은가. 정말 그런 시대가 온다면 나는 자연과 날씨, 모양, 맛이나 감정을 풍부하게 해주는 형용사를 사고 싶다. 하지만 '돈'이라는 전제가 있다. 작품에서는 명사가 제일 비싸고 형용사나 부사 등은 그럭저럭 살 만하다. '할인 판매'하는 낱말도 있다. 당연히 부자는 낱말을 많이 살 것이고 낱말이 쓰인 옷으로 치장한다. 사들인 낱말로 말을 많이 할 테고, 말을 많이 한다는 것은 부의 상징이므로 말을 함에 있어 조심성이나 겸손은 찾아보기 힘들 것이다. 내가 아무리 정직하고 진실해도 돈을 주고 살 수 없다면 나의 정직과 진실은 빛을 보

지 못한다. 또 타자의 정직과 진실에 대해 말하고 싶어도 살 수 없는 단어는 말할 수 없음으로 칭찬할 수 없고 비판이나 비난도 할 수 없다.

가난한 사람은 옷을 화려한 색으로 입거나 표정이나 행동이 풍부하다. 낱말을 마음대로 구입하기엔 한계가 있으니 소통을 위해서는 낱말이 아닌 것으로 자신을 꾸며야 한다. 어두운 색의 옷에 낱말을 잔뜩 넣은 사람과 빨강이나 파랑 등 원색의 옷을 입은 사람으로 사회의 계급은 자연스럽게 나뉜다. 아이들은 '응', '그래' 같은 낱말이 떠다니는 스프를 먹는다.

가끔 무가치하다고 사회적으로 버림을 받은 낱말들이 바람을 타고 공중에 떠다니기도 한다. 그러면 가난한 집 아이들은 잠자리채를 가져와 낱말을 잡아챈다. '엄마, 아빠, 언니, 동생, 고마워' 따위의 낱말들이다. 좋은 낱말이 값없이 떠다닌다니, 전체적인 분위기가 암울하고 디스토피아 적이다. 예를 들어 '논리적인', '창의적인 사고 능력', '복화술사', '등나무' 등의 낱말은 무척 싸고 주로 명확하게 말할 수 있는 색깔, 동물이나 식물의 이름은 비싸다.

주인공 필레아스는 가난한 아이다. 소녀 시벨에게 사랑한다고 고백하고 싶지만 돈이 없어 낱말을 살 수 없다. 고작 바람에 떠다니는 '체리', '먼지', '의자'라는 낱말만을 건졌을 뿐이다. 이런 필레아스에게 경쟁자가 나타났으니 부자 집 아들 오스카다.

그는 시벨에게 굵고 우렁찬 목소리로 당당하게 고백한다. "소중한 시벨, 나는 너를 진심으로 사랑해, 우리가 어른이 되면 분명 결혼하게 될 거야." 오스카는 시벨과 눈을 마주칠 필요도 없고 가슴에 손을 얹거나 무릎을 꿇어야 하는 간절한 동작도 필요 없다. 하고 싶은 말은 비싸게 주고 산 낱말이 다 했으니까.

 메라비언 법칙이 있다. 심리학자인 메라비언 교수의 저서 『침묵의 메시지』에서 주장한 내용으로 상대와 대화를 하면서 상대의 인상을 정하는데 영향을 미치는 것은 대화 내용이 7%, 상대방의 목소리는 38%, 상대방의 표정과 태도가 55%, 목소리에서 느끼는 청각과 모습에서 느끼는 시각을 빼면 말의 내용에서 느끼는 것은 겨우 7%에 불과하다는 이론이다. 즉, 인간은 타인과 대화를 나눌 때 대화의 내용보다는 그걸 뒷받침하는 시청각적 요소의 영향을 많이 받는다는 주장이다. 이것은 같은 대화를 하더라도 시청각적 요인에 의해 전혀 다른 의미로 전달될 수 있다는 것을 시사한다.

 필레아스가 쓸데가 없어 공중에 떠다니는 낱말(체리, 먼지, 의자)을 건져서 사랑하는 시벨에게 정성과 진심을 담아 말하자 시벨은 보답이라도 하듯이 필레아스 볼에 입맞춤을 한다. 말의 힘이 사랑이 담긴 비언어적인 행동에서 만큼은 힘을 잃었다. 이처럼 화려하고 비싼 낱말로 온몸을 치장하고 세상의 모든 말을 삼켜 말한다 해도 진심이나 사랑이 없다면 소리 나는 구리와 울리는 꽹과리에 불과하다. 언어는 언어 밖에서도 만들어지는 것이며 사람들의 춤, 색깔, 태도, 손가락 모양, 걸음걸이가 더 진정성 있는 언어로 다가올 수 있다.

 아이들과 수업시간에 '체리, 먼지, 의자를 사랑하는 사람에게 전달하기 활동'을 하면 난리가 난다. 가장 아름답고 사랑스러운 표정과 몸짓으로 '체리'와 '먼지'와 '의자'를 말하는 아이들의 모습은 너무나 진지하다. 말의 고마움과 위험함을 동시에 알게 되고 비언어도 말하는 것만큼 중요하다는 것을 몸소 깨닫게 된 수업이다. 아이들에게 어떤 말을 듣고 싶냐고 물으면 '오늘은 쉬어', '안 해도 돼', '어서 자', '오늘은 게임, 하고 싶은 만큼 해' 등 평소 듣고 싶은 말이 무엇인지 알 수 있었는데 예상을 빗나가지 않는다.

그중에 '고마워'나 칭찬해주는 말을 자주 듣고 싶은 아이가 있다. 이유인즉슨 본인은 착한 일도 하고, 부모님 말씀도 잘 듣고, 동생과도 귀찮지만 잘 놀아주고 있다고 생각하는데 아무도 자기한테 고맙다는 말을 안 해서 서운하다는 거다. 문득, 듣고 싶은 말과 들어야 할 말이 같다면 인생, 즐겁고 유쾌하겠다는 생각이 들었다.

어느 시구처럼 사람이 온다는 것은 그의 과거와 현재뿐 아니라 미래까지 전부 오는 것이므로 정성과 진심으로 환대해야 한다. 비싼 식사나 선물, 지나가는 안부의 말이 아닌, 진심을 담아 자기 마음을 대신할 단어, 싱그럽고 펄럭이는 비언어적인 것들을 찾아보았으면 혹, 내가 하는 말이 가난하여 할 말이 없다면 함께 '시'라도 읽어 보는 뜨거운 마음이 살아 있기를, 혹, 가난하다하여 소중한 감정까지 포기하지 말기를.

가난하다고 해서 외로움을 모르겠는가
너와 헤어져 돌아오는
눈 쌓인 골목길에 새파랗게 달빛이 쏟아지는데.

가난하다고 해서 두려움이 없겠는가
두 점을 치는 소리
방범대원의 호각소리 메밀묵 사려 소리에
눈을 뜨면 멀리 육중한 기계 굴러가는 소리.

가난하다고 해서 그리움을 버렸겠는가
어머님 보고 싶소 수 없이 뇌어보지만
집 뒤 감나무 까치밥으로 하나 남았을
새빨간 감 바람 소리도 그려 보지만.

가난하다고 해서 사랑을 모르겠는가
내 볼에 와 닿던 네 입술의 뜨거움
사랑한다고 사랑한다고 속삭이던 네 숨결
돌아서는 내 등 뒤에 터지던 네 울음.

가난하다고 해서 왜 모르겠는가
가난하기 때문에 이것들을
이 모든 것들을 버려야 한다는 것을

-신경림, 가난한 사랑 노래(이웃의 한 젊은이를 위하여) 전문-

불 꺼진 무대에 오를
『그림형제 민담집』 그림형제/김경연 옮김/현암사

'한 부자의 부인이 병으로 인해 자신의 죽음이 다가오고 있다는 걸 알고 자신의 외동딸을 불러 앉히고는 말했습니다. "얘야, 경건하고 선하게 살아야 한다. 그러면 신이 너를 항상 지켜 주실 거야. 그리고 엄마도 천국에서 내려다보며 네 곁에 있을 거란다." 이 말을 남기고 부인은 눈을 감았습니다.'

영화나 드라마에서 끊임없이 재생산되는 이야기 중에 『그림형제 민담집』에 나오는 「신데렐라」 첫 부분이다. 원작에 집착하는 병이 도져 우연한 기회에 다시 찾아 본 이야기인데 그동안 신데렐라를 오해했던 부분을 바로 잡으며 생각이 많아진다. 우리 머릿속에 각인된 줄거리와 차이가 많은 전개는 미디어에게 가스라이팅 당했다는 낭패감마저 든다. 어린이 정서에 안 좋은 장면, 상황, 결말 등을 빼고 착하고 불쌍한 소녀가 왕자님을 잘 만난 덕에 기적 같은 인생역전을 이룬 것처럼 다루는 방식이 불편하다. 권선징악의 구도는 언어만 다를 뿐 모두 같은 결론이건만 이러저런 과정은 권위적이고 관료적이란 생각을 떨치기 어렵다.

그림형제에게 불리던 'Aschenputtel(아셴푸텔_재투성이 아이)'은 프랑스 작가 샤를 페로가 'Cendre(재)'에서 온 'Cendrillo(상드리용)'로 동일한 의미로 쓰였고 원작에 없던 마법의 요정, 호박마차, 유리 구두를 넣어 훨씬 환상적이고 부드러운 결말로 만들었다. 19세기 영어권에서 프랑스 페로 버전이 먼저 널리 번역, 유통되면서「신데렐라」로 고정되었다.

원작, 아셴푸텔은 아버지가 새어머니와 언니 둘을 맞이하면서, 하녀처럼 천대받고 잿더미 옆에서 부엌데기로 살아가는 존재지만 어머니의 유언처럼 경건하며 선하게 살기 위해 노력하는 인물이다. 매일 어머니 무덤에 가서 힘든 상황을 토로하고 울기도 하며 그 주위의 자연과 소통하는 생명의 존재다.

아셴푸텔의 삶은 철저히 억압, 고립, 노동으로 채워져 있었고, 사회적 존재로서의 얼굴이 지워져 있었으며 친아버지로부터 보호는 생각도 못했다. 그녀가 선택한 무도회는 단순한 '춤판'이 아니라, 공식적인 사회의 장이다. 누구든 그곳에 가면 인정받는 자리에 설 수 있는, 존재를 증명하고 드러내는 자리다. 개암나무와 새가 준 드레스는 "너도 사회에서 빛날 자격이 있다"라는 어머니의 목소리를 이어받은 것이다. 직접 도망가는 것은 그녀의 방식이 아니다. 때를 기다린 것이다. 무도회를 통해 사회적 공식적인 공간에 들어감으로써 자신의 가치를 알려 억압된 곳에서 벗어나고 싶었다.

소녀의 가출이 아닌, 영광의 탈출계획이었다. 민담은 종종 밑바닥에 있는 자가 위로 올라가는 서사를 담고 있지만 아셴푸텔의 무도회 참여는 '밑바닥의 존재도 빛날 수 있다'는 운명적 장치다. 왕자와의 만남은 결과이지, 동기가 아니다.

아셴푸텔이 무도회에 가고 싶었던 이유는 왕자를 사랑해서가 아니라 지워진 자신의 존재를 드러내고, 억압된 삶을 넘어설 기회를 붙잡고 싶었기 때문이라고 볼 수 있다. '나는 단순히 여종이 아니다. 나 역시 한 사람으로서 빛날 자격이 있다'라는 걸 증명하려고 했던 것이다.

사람들은 왜 무대에 서고 싶은 걸까? 존재의 확인? 역할의 전환? 혹은 가능성의 실험? 무엇이 됐든 존재는 드러내고 싶은 것이 기본 욕망이다.

3일 동안의 무도회에서 아셴푸텔은 자신이 빛나는 존재임을 증명한다. 왕자가 그녀를 잡기위해 계단에 송진을 발라놓고 그 역시 때를 기다리지만 황금 구두만을 남겨놓고 아셴푸텔은 사라진다. 아셴푸텔은 왕자가 자신을 찾아올 때를 기다린다. 이것은 소극적인 모습으로 주인공의 퇴행을 보여주는 것이 아니다. 재투성이가 된, 누추한 차림의 자신을 있는 그대로 사랑해 줄 수 있어야 자신의 신랑이 될 자격이 있다고 생각하는 것이다. 왕자는 포기하지 않고 끝까지 찾아내 함께 궁궐로 귀환하며 내면의 인격이 완성되어 왕의 위엄을 갖추게 된다.

허영으로 가득해 황금 구두가 자기 것이라며 엄지발가락을 자르고 뒤꿈치를 자르는 언니들,

왕자와의 결혼식에까지 쫓아와 왕자의 관심을 받으려다 새들에게 두 눈이 뽑히고 모녀는 응징을 받으며 자멸한다.

많은 이들이 뒤틀린 욕망과 거짓된 술수로 성공의 대박을 좇는다.

자질도 능력도 안 되면서 꼭대기 자리에 올라 화려한 영광만을 누리려고 한다. 또 그것을 조장하고 강요하는, 자본과 권력이라는 이름의 무서운 계모는 어떠한가. '재투성이 아셴푸텔'이 이루어 낸 인생역전은 착하게 살다 보니 어느 날 갑자기 하늘에서 떨어진 행운이 아닌, 참됨의 자질과 노력으로 살아가면서 꿈을 향해 움직인 사람들의 몫이다.

정치도 그러하다. 정치무대는 자신을 보여줄 수 있는 공적 공간임과 동시에 타인에게 인정받을 수 있는 세계다. 정치인도 무대에 올라 사람들의 눈에 띄어야만 "나는 지도자다, 대안이다"라는 정체성을 확보할 수 있다. 무도회가 없었다면 아셴푸텔의 가치를 드러내기 어려웠을 테고 정치무대가 없다면, 정치인의 '존재'는 공적 의미를 잃어버릴 것이다. 아셴푸텔의 무대 욕망은 존재 회복을 위한 간절한, 한 번으로 충분한 기회였지만 정치인은 무대에서 내려오는 순간 사라질까 두려워 다시 무대를 갈망하며 자신의 신념이나 시민의식이나 선출직의 본질적 의미를 깨닫지 못하고 권력형 인간으로 전락한다.

자질 없는 사람이 국가의 수장(首長)이 되면 나라가 어떻게 되는지 우리는 똑똑히 보았다. 함량 미달의 지도자가 국민에게 총칼을 들이댄 그 날은 국제적인 망신뿐만 아니라 역사적으로도 대한민국 민주주의를 욕되게 만들었다.

남루한 삶을 살아본 자, 그 시간의 고통과 인내를 경험한 자, 꿈꾸며 그 꿈을 위해 때를 기다리고 경건의 자리에서 몫을 감당한 자, 아셴푸텔과 같은 용기와 비전의 정치지도자가 나오길 바란다. 지금까지 기억 속의 신데렐라는 잊고 마법의 요정, 호박 마차, 유리 구두 따위 없이 자기 손으로 이룬 영광, 그 위에 신의 은총이 깃들었던 아셴푸텔 같은, 우리의 삶에 그런 정치지도자를 응원한다.

다시 만날 그대를 위해
『여섯 사람』 데이비드 매키/김중철 옮김/비룡소

 욕망은 본질적으로 상향성의 삶을 추구하며 소명은 하양성의 삶을 추구한다.(헨리나우웬) 언제나 그렇듯이 나처럼 평범한 사람은 욕망을 지향하고 소명은 특별한 구도자, 혹은 성(직)자의 영역이다. 토마스 홉스는 전쟁을 모든 이가 모든 이를 적으로 간주하는 상태로 정의하며 전쟁을 피하기 위해서는 사회계약을 통해 국가권력을 설정해야 한다고 주장한 바 있다.
 카를 마르크스는 전쟁을 주로 경제적, 계급적 갈등의 결과로 보았으며 자본주의 국가들이 경제적 이익을 추구하는 과정에서 발생하는 일종의 '계급투쟁'으로 보았다. 20세기 실존철학에 지대한 영향을 끼친 하이데거는 어떤가, 그는 십여 년 동안 나치의 부역자로 독일 청년들을 전쟁터로 몰아댔고 전쟁의 정당성을 교단에서 말한 사람이다. 시대마다 사상가나 철학자들이 전쟁을 정의하는 동안 전쟁은 있어 왔고 피해는 약자들의 몫이 되었다.
 이야기는 '처음부터 전쟁을 하려 했던 것은 아니다.'로 운을 뗀다. 기름진 땅을 찾은 여섯 사람은 열심히 일해서 잘살게 되었고 자연스럽게 이룬 재산을 지키기 위해 용병을 고용해서 재산을 뺏기지 않으려고 했다. 하지만 막상 용병을 고용하고 보니 전쟁이나 침략은 일어나지 않았고 용병이 노는 꼴을 볼 수 없었던 여섯 사람은 가까운 농장이라도 빼앗으라고 명령한다. 무방비 상태에 있던 농부들은 항복하고, 노략질로 쉽게 차지한 땅으로 인해 여섯 사람은 더 큰 힘을 써보고 싶은 욕망에 사로잡힌다.

항복한 농부들은 여섯 사람을 위해 일하며 많은 땅을 차지하게 되고 더 큰 군대를 갖게 된 여섯 사람. 막강한 힘을 갖게 된 여섯 사람은 군대를 이용해서 성을 쌓고 더 힘센 군대를 만들기에 이른다.

하지만 항복하지 않고 강을 건너간 농부들도 있었으니 그들도 열심히 일하면서 터전을 만들었지만 행복감도 잠시, 여섯 사람의 군대가 강을 건너 쳐들어올지도 모른다는 두려움에 대비를 시작한다. 강을 사이에 두고 농부(군대)들은 전쟁 연습을 하고, 무기도 만들며 매일 강가에 보초를 세워 서로를 감시한다.

그러던 어느 날, 날아오르는 물오리에게 쏜 화살이 빗나가서 그만 강 건너편으로 날아간다. 강 건너편에 있던 보초는 자기에게 화살을 쏘았다고 생각하고 비상 나팔을 불며 전쟁을 시작하고 마침내 살육의 피바람이 불고 만다.

작가는 '싸움이 끝났을 때, 살아있는 사람은 아무도 없었어.……'라고 전쟁의 끝을 보여주었다. 그리고 양쪽 모두 여섯 사람만 살아남아, 서로 반대 방향으로 떠나간다. 평화로이 일하면서 살 수 있는 새 땅을 찾아서.

올해 들어 우크라이나_러시아 전쟁은 일부 휴전 조치도 있지만 아직 끝나지 않았고, 가자지구 전쟁은 수만 명의 사망자와 전면적인 파괴의 장면을 TV로 시청할 수 있으며 2023년부터 수단내전 역시 기아와 실향민, 수많은 사상자를 내고 있다. 그 밖에도 세계는 지금 곳곳에서 종교와 세력 간의 전쟁으로 부글거리고 있다. 이런 원시적이고 인간 파괴적인 일은 왜 지금도 끊임없이 자행되는 것일까.

 전쟁은 단지 정치적 경제적 충돌이 아닌, 인간의 근본적인 욕망과 사회구조 불안이 투영된 것이라 할 수 있다. 사회의 억압된 감정과 구조적 통제가 폭력적 형태로 표출되며 전쟁은 일부에게 해방감을 주는 파괴의 장이 되기도 해서 이 같은 약육강식의 법칙은 동물의 세계가 아닌 인간사회에도 벌어지고 있다. 전쟁을 하고 싶은 본능은 정치인들을 볼 때 심각하게 느낀다.

 지금의 정치는 총 없는 전쟁 곧 언어, 제도, 여론 이라는 무기를 쓰고 있을 뿐이지 합의 보다 '승리' 중심으로 흘러가는 정치세태, 타협과 숙의를 '패배'로 여기는 정치도 전쟁처럼 승자독식구조가 강화되고 있는 걸 볼 때 나 같은 시민은 매일이 불안하다.

 우리는 굳이 사람의 본성을 거스르는 민주주의 선택했다. 서로 숙고하여 합의하고 다수의 사람들이 뽑은 자가 정치를 하도록 허락하며 소수의 숨소리에도 귀 기울이는 민주주의는 욕망의 인간을 소명의 인간으로 거듭나게 할 수 있는 장치다. 거듭난 것으로 끝나지 않고 끊임없는 자기성찰로 속에 도사리고 있는 욕망의 괴물이 피부를 뚫고 나오지 못하도록, 언젠가는 내면의 괴물이 없어지는 상상을 한다. 욕망은 삶을 시작하게 하는 불꽃이지만 소명은 그 삶에 방향과 깊이를 더하는 별빛이기 때문이다. 서로를 믿고 더 나은 것을 위한 노력만이 다 같이 파괴되는 역사를 막을 수 있는데 자극적인 전쟁이나 정치의 도파민을 대체할 무언가가 인간 세상에 아직 나오지 않은 것 같다.

법정 스님께선 '인생의 목표는 풍요롭게 소유하는데 있지 않고 풍성하게 존재하는 데 있다'고 말씀하셨다. 도움이 필요한 곳에 어깨를 내어주고 사소한 오해를 지금까지 쌓아온 신뢰로 기다리며 믿어주는 것에서 우리는 풍성하게 존재할 수 있다.

전쟁이라는 참혹한 단어 앞에 안일하고, 귀엽고 하찮은 말일 수도 있다. 하지만 이런 소명적 하향성의 자기 실천들이 모인다면, 그래서 시대정신을 갖는 집단지성이 된다면, 전쟁 따위는 막을 수도 있지 않을까. 유약하고 유치한 발상이 아닌가 생각도 하지만 공동체는 개인이 모인 것이므로 스스로 배우고, 익히고, 외우고, 행동하는 나를 길러 길모퉁이를 돌아 다시 만날 그대를 위해 오늘 하루 선한 일을 도모해보면 어떨까.

변함없이 변해가는 존재
『배고픈 거미』 강경수/그림책 공작소

  봄추위가 장독 깬다고 했던가, 4월 중순에 눈이 날리는 광경을 보며 꽃피고 새우는 봄의 기운은 기후변화(위기)가 우리의 봄을 키 안에 넣고 흔들어 밀 까부르듯이 털어내고 있음을 체감한다. 겨울옷과 여름옷을 양손에 들고 몸엔 봄을 걸치고 가파른 언덕을 오르는 기분이랄까. 이곳 중장기 대안학교 '단비'에도 엉거주춤, 학교에 적응을 어려워하는 학생들이 오고 있다. 봄기운에 파릇파릇해야 할 얼굴이 잔뜩 주눅이 들어 희미한 웃음으로 또 다른 세계에 적응 하려는 애씀이 애달파 보여 최대한 따뜻하고 즐겁게 해주려 노력한다.

  내가 맡은 과목은 '치유 인문학'과 '치유 미술'이다. 학생들과 산책하며 자연이 주는 싱그러움을 만끽하거나 시를 읽고 감상을 발표해서 자기만의 어록을 만들어 본다. 그림책으로 토론을 벌이기도 하고 한 가지 주제에 대한 자신의 생각을 세워간다. 서로에게 질문하는 시간은 공간과 마음을 공유하는 주체로서 함께 공명한다.

  '생각의 협동'이라는 문장이 마음에 닿아 조금씩 돕기 시작한 일이 나도 모르게 협동조합 공동체에 스며들어 학생을 돌보는 일까지 하게 되었다. 돈 안 되는 일만 귀신같이 아는 나의 재능이 유감없이 정착한 공간이다. '나'라는 사람이 협동조합에 어울리지 않는 걸 깨달아가고 있는 중이라 조금은 자괴감이 들지만 주위 사람의 끈끈한 연대 덕에 묻어가고 있다.

아무튼! 봄 들판과 시골길을 함께 걸으며 한 가지 주제를 놓고 많은 이야기를 듣는다. 어느 날의 미술시간, 자연물에서 몇 가지를 골라 자신을 표현하는 액자를 만들자고 한 날, 교실 밖으로 내몰린 학생들은 나무와 풀과 꽃들 사이에서 헤매는 듯이 보였고 그 모습이 순진하고 예뻤다. 꺾고 주워온 자연물에 자신을 투사한 그들이 작은 소리로 만들어 낸 문장은 하나같이 축축했고 비장했고 힘이 없다. 그때 생각난 그림책 『배고픈 거미』다.

작품엔 거미줄에 걸린 여러 동물들이 등장한다. 파리부터 사마귀, 개구리, 올빼미, 뱀, 호랑이 등이다. 상식적으론 이해 가지 않는다. 파리는 그렇다 치지만 다른 곤충이나 동물은 거미의 천적들인데 거미줄에 걸려 꼼짝없이 죽는 날을 기다리고 있어야 하는 꼴이 되었다.

왜 그런 걸까, 처음 거미줄에 걸린 파리의 말만(찌라시? 가짜뉴스?) 듣고 거미가 무시무시한 존재라고 생각해 지레 겁을 먹은 것이다.

파리 외에 다른 동물들은 지금까지 거미처럼 작은 곤충은 모르고 살아도 괜찮았다. 당연히 거미가 뭐하는 생물인지도 모른다. "우린 이제 끝난 목숨이야, 배고픈 거미가 우리를 몽땅 먹어 치울 테니까!"라는 파리의 절규는 정체 모르는 존재에 대한 공포감을 극대화 시킨다.

진실보다 소문이나 가짜뉴스가 더 큰 힘을 가질 수 있음을 보여준다. 사람도 종종 자기 경험을 일반화해서 세상을 판단하지 않는가.

진실을 보지 못하게 하는 것은 악이다. 아니, 알려고 하지 않고, 덮어놓고 타인의 말을 듣고, 믿고 그런 줄로만 알고 사는 생각의 게으름이 악이다. 파리가 주는 정보를 그대로 믿어버린 동물들의 최후는 평생 거미를 무시무시한 존재로 각인한 채 확증편향의 존재로 살아가게 될 것이고 이것을 전파할 것이 아니겠는가.

 이곳에 온 학생들은 파리의 세상에서 건너왔다. 보여주는 것만 보고 들려주는 것만 들으며 살았는데 어느 날, 부적응자라는 낙인으로, 퇴행하고 있다는 자책과 두려움의 눈빛을 갖고 이곳으로 옮겨왔다. 다시 학교로 돌아가지 못할지도 모른다는 생각, 제도권 공동체가 받아주지 않는 아이들이 느끼는 상대적 박탈감은 파리의 세상에서 파리가 보여주지 않는 세상을 알아가야 하는 낯섦, 경쟁과 비교가 일상이 된 교실 스트레스가 없는 공허의 새로운 공간에서 '어쩌지?' 하는 표정들이다.

 거미줄에 걸린 파리 외에 동물들은 충분히 다른 생각을 할 수 있었으나 스스로 포기했다. 파리의 두려움은 주관적 경험인데 다른 동물들은 그것을 보편적 진실로 받아들이며 파리의 두려움이 그대로 다른 동물의 두려움으로 확장, 전달되었다.

 매일 열 알의 약을 삼키고 환청과 환시를 종종 겪으며 주저앉고 싶다는 학생, 머리 둘 곳 없이 쓸쓸한 영혼들, 답답하고 숨 막히는 막막함에 혈관 속 피라도 자유롭게 하고 싶어 손목을 긋고도 살아보겠다고 아침이 되면 한 시간씩 버스를 타고 온다. 그렇게 마지막 진액을 짜내듯이 등교하는 학생들을 교사들은 정성과 진심으로 가르치고 돕는다. 일단 살아있어 보자고, 요리도 하고 산책도 하고 제빵실습이나 목공도 해본다. 엉킨 실타래처럼 풀 수 없는 지점은 과감하게 잘라내고 다시 실을 이어 매듭짓고 풀어낸다. 매일 이곳에서는 '살아있음 놀이'가 펼쳐지고 조금씩 생기를 찾아가는 학생들 표정만 살짝 바뀌어도 교사들은 충분히 즐겁다.

 이로써 학생들은 자기만의 걸음을, 파리세상에서의 기준과 잣대를 털어내며 자기만의 걸음을 걷는 훈련은 해방의 길이 되리라.

 어떤 미친 자가 자동차 핸들을 쥐고 사람들을 죽이며 질주한다면 그 핸들을 빼앗을 사람은 파리가 경험한 세계가 전부인 줄 알고 사는 존재가 아니라 스스로 사유를 훈련한 존재일 것이다. 속도에 경도되어 사람 몇은 죽어도 괜찮다는 미친 사회를 만들지 않으려면 다양한 입장과 관점에서 생각하고 사유한 자들이 만드는 사회가 아닐까.

 다시 학생들을 본다. 낙인을 넘어 추방을 선택하고 자기 걸음을 걸어보기 위해 여기까지 온 것은 용기다. 학업의 불안, 진학과 자기 미래의 경계에서 고민하고 갈등하는 존재로, 자기 속도대로 사유하고 믿고 싶은 것만 믿으며 사는 것은 아닌지 의심하고 점검하는 연습 속에서 우린 함께 변함없이 변해가는 존재로 거듭날 것이다.

인간적으로
『이빨 사냥꾼』 조원희/이야기꽃

　오징어는 더 맛있었던 경험을 기억하고 그것을 다시 먹기 위해 기다리거나 움직일 줄 안다.
　스트레스를 받은 꿀벌들은 방향감각을 상실하거나 여왕벌 돌보기에 소홀하며 자포자기한다. 문어는 고통을 느낄 수 있을 뿐 아니라 적극적으로 피한다. 그래서 유럽에서는 끓는 물에 문어나 낙지 등을 넣는 것은 불법이다. 앵무새는 사회적 상호작용이 부족하면 자기 깃털을 뽑는 자해를 한다.
　오스트리아 출신 도덕 철학자 피터싱어는 '인류 역사의 발전은 기술 발전이 아니라 도덕적 권리와 공감의 확대였다.'고 말한 바 있다. 도덕적 권리는 왕에서 귀족에게, 그리고 일반 시민에게까지 확산 되었다. 예전에 인식하지 못했던 일들이 '차별'이라는 단어를 통해 드러나고 인류는 문제의식을 공감하고 해결하기 위해 부단히 노력했다. 신분, 인종, 성별 등을 감싸고 있던 차별에 공감하고 그 공감의 끝자락에는 '동물해방'이 있다.
　『이빨 사냥꾼』은 사람의 사치품을 위해 코끼리를 수렵하고 잔인하게 상아를 발치해서 유통되는 과정을 그렸다. 말밥도 거의 없고 강렬한 원색의 그림으로서 읽고 나서도 책을 쉽게 놓지 못했다.

인간은 오랜 시간 동물과 달리 인간만이 가진 핵심적인 무언가가 있다고 생각했고 이성, 의식, 자아, 언어 등 다양한 것을 꼽았다. 하지만 동물에겐 그런 것이 없다고 주장하기 전에, 인간조차 그것이 무엇인지 제대로 설명할 수 없는 벽에 가로막혀온 것이 현실이다. 대표적으로 '의식'이 무언인지 규명하는 것은 여전히 어려운 문제로 남아 있다.

피터 싱어로 대표되는 공리주의는 고통과 쾌락을 느낄 줄 아는 존재들이라면 마땅히 그들의 이해관계 역시 따져야 한다며 오랫동안 무관심에 갇혀 있던 '종 차별주의'에서 벗어날 길(동물해방)을 열었다.

넓은 벌판 한가운데 살상무기로 무장한 '코끼리 군대'가 주변을 샅샅이 수색하고 있다. 움직이는 생물 하나 없는 그곳에서 코끼리 군대의 조준경에 벌거벗은 아이가 포착되고 순식간에 땅을 울리며 코끼리 군대가 돌진하기 시작한다. 탐색견들도 맹렬하게 짖으며 함께 달린다.

조준! 발사! 소리와 함께 하늘에서 비처럼 화살이 벌거벗은 아이에게로 쏟아진다. 코끼리 군대 한 무리를 합쳐도 아이의 한쪽 다리만도 못할 정도의 거대한 아이는 쓰러졌지만 죽지 않았다. 쓰러진 아이의 시선에 코끼리 군인들이 다가오는 게 보인다.

무서운 소리의 전기톱과 커다란 망치, 쇠꼬챙이와 펜치을 들고 코끼리 군인들은 아이의 입을 억지로 벌려 이빨을 뽑는다. 하나, 둘, 셋…. 코끼리 군대가 뽑아낸 이빨은 벌판에 간격을 맞춰 늘어놓는다. 뭔가 이상하게 느낄 것인데 작품은 코끼리를 인간 포획자로, 인간을 코끼리로 표현했다. 역지사지로 읽으니 현실은 더없이 끔찍하게 다가온다.

　서양에서는 전통적으로 동물에 대한 도덕적 지위를 인정하는데 매우 인색했다. 데카르트는 동물을 마음이 없는 자동기계 장치라고 했기 때문에 쾌락이나 고통을 못 느낀다고 생각했다. 칸트도 인간은 수단이 아닌 그 자체가 목적적인 존재로 정의했지만 이성 없는 동물은 수단일 뿐이며, 인간과 동물은 근본적으로 다른 도덕적 지위를 가진다고 보았다.

　동물을 좋아하지만 동물애호가는 아니라는 피터싱어는 진정한 옳음과 어떻게 살 것인가의 물음에 '나만을 위한 선택이 아닌, 모두를 위한 선택, 현재뿐 아니라 미래의 사람까지도 포함한 선택'을 해야 한다고 했다. 그는 쾌락과 고통을 경험할 수 있는 모든 존재를 도덕적 고려의 대상으로 보았고 날카롭게 비판한 것이 '종차별주의(speciesism)'였다. 동물 윤리학자 톰 레건도 칸트의 정언명령은 어떤 조건이든 묻지도 따지지도 말고 따라야 하는 도덕법칙이라고 상기시킨 뒤, 동물도 감각이나 지각, 기억이나 의식뿐만 아니라 내재적 가치를 가지고 있다고 주장한다. 따라서 이제는 동물도 도덕적인 권리를 가지고 있다고 주장하는 시대에 이르렀다. 아이러니하게도 현대적 의미의 최초의 동물보호법을 만든 나라는 나치 독일이다. 히틀러가 동물을 좋아했기 때문이라는 소문도 있다. 1989년 코끼리가 멸종 위기에 처하자 공식적으로 상아 채취를 금지했지만 아프리카에서는 다시 밀렵이 시작되었다고 한다.

앞에서 말한 인간만이 갖고 있는 '인간답다'는 인간의 사고나 생활양식을 쪼개서 분석하지 않더라도 우리는 본능적으로 알 수 있다. 막연하게나마 인간답다는 말이 생명존중의 마음이 깃들어 있음을, 동물에게도 적용한다면 '동물해방'까지는 아니더라도 공장식 축산과 비윤리적인 도살과 유통, 학대와 유기 등은 막을 수 있다.

특히 실험의 도구로 제발 동물을 죽이지 말았으면 좋겠다. '인간답다'라는 것은 단순히 동물에 대한 태도만이 아니라 삶의 방식에 대한 성찰도 있어야 한다. 우리가 소비하는 동물성 식사(간식), 화장품과 의약품, 입는 옷, 선택하는 취미 등이 누군가의 고통위에 세워진 것이라면 그것은 인간적으로 재고되어야 한다. '인간다운 삶'이란 인간만을 위한 것이 아니라 다른 종의 고통에도 응답하는 삶이어야 하기 때문이다.

신이 인간과 자연 외에 동물을 만든 이유는 무엇일까, 아리스토텔레스의 관찰대로 동물은 비록 낮은 수준이었지만 기억과 상상이 가능한 존재로 창조되었다. 동물이 단지 먹거리로만 창조되었다면 이런 능력은 신의 능력을 잉여적 가능태로 축소한 것이다. 전능한 신이 당신의 능력을 동물에게 낭비했다는 말인가. 신은 인간에게 동물을 보호하고 다스릴 권리를 준 것이지 욕망대로, 임의대로 처분할 수 있는 주관자가 되라고 한 것은 아니다.

실제로 성서에 동물을 먹거리로 사용한 것은 노아의 홍수 이후부터다. 동물에게 부여된 신의 목적에 대해서는 잘 모르겠지만 동물에게도 인간과 비슷한 감정과 통각을 부여한 이유가 있을 것이라고 생각한다.

　어릴 적, 개에 대한 트라우마를 치유해 준 개가 있다. 시바견으로 12살이다. 짖지도, 달려들지도 않는 '둥이'는 언제나 같은 거리에서 나에게 조금씩 다가왔고, 무섭고 경계했던 긴장을 풀고 쓰다듬는 유일한 개가 되었다. 노견에게 익숙해져 말캉한 발바닥까지 만지는 경이로운 특별한 날도 있었다. 그런 둥이가 산책을 나간 뒤로 돌아오지 않는다. 불쑥불쑥 눈물이 난다. 어디서 어떻게 지내는지 나쁜 생각도 더러 하지만 다시 돌아올 거라 기다리고 있다. 만약 신이 인간의 상처를 치유하기 위해 동물을 창조한 거라면 둥이는 자신의 사명을 충실하게 해 낸 사명자임에 틀림없다.

4부

서로에게 연루되어

"더 많이 가졌다고 더 멀리 가는 게 아닌 란 걸 알게 되겠지"
『나탈리 포트만의 새로 쓴 우화』
나탈리 포트만 글/재나 마티아 그림/노지양 옮김/개암나무

빛나는 별이 아니어도『변신』
로렌스 데이비드 글/델핀 뒤랑 그림/고정아 옮김/보림

사랑, 무해無害의 힘『사랑에 빠진 개구리』
맥스 벨트하우스/이명희 옮김/마루벌

본 아뻬띠!(Bon appétit!)『레스토랑 sal』
소윤경/문학동네

삶이여 만세!『나의 프리다』
앤서니 브라운/공경희 엮음/웅진주니어

자기만의 속도로『지각대장 존』
존 버닝햄/박상희 옮김/비룡소

서로에게 연루되어『세 강도』
토니웅게러/양희전 옮김/시공주니어

하늘의 언어『태양으로 날아 간 화살』
푸에블로 인디언 설화/그제럴드 맥더멋 그림/김명숙 옮김/시공주니어

진짜 안녕!『철사 코끼리』
고정순/만만한책방

틈에서 씩씩하게 웃었다『틈만 나면』
이순옥/길벗어린이

"더 많이 가졌다고
더 멀리 가는 게 아니라는 걸 배우겠지"

『나탈리 포트만의 새로 쓴 우화』
나탈리 포트만 글/재나 마티아 그림/노지양 옮김/개암나무

'나탈리 포트만' 하면 1994년 그녀의 데뷔작 영화 〈레옹〉이 생각 난다. 당시 12살, 초등학교 5학년의 여학생이 중견 배우들의 기에 눌리지 않고 훌륭한 연기를 펼치며 헐리우드에 입성하더니 2010년 드디어 그녀의 인생 작 〈블랙 스완〉으로 여우주연상을 받는다. 나탈리 포트만은 헐리우드 대표적인 고학력자로 꼽히며 하버드대학교 졸업식 연사에서 "멍청한 여배우가 아니라는 것을 증명하기 위해 일부러 신경생물학이나 고급 히브리어 같은 어려운 수업만 들었습니다." 라고 고백한 바 있다. 그 밖에도 프로듀서나 영화감독으로도 활동한 이력을 갖고 있으며 개인적으로 〈브이 포 벤데타〉영화를 가장 좋아한다.

이렇게 당차고 아름다운 그녀가 세계인의 사랑을 받고있는 고전 우화를 각색한 동화책을 출간했다. '토끼와 거북이'를, '거북이와 토끼로', '아기 돼지 삼 형제'는 '남매'로 제목을 비틀었고, '시골 쥐와 도시 쥐'는 전혀 색다른 전개를 보여주며 패러디 장르가 쏟아져 나오는 시대에 미녀 고학력 배우가 썼다고 하니 구매욕구가 허기진 배를 채우는 것보다 급했다.

글은 글쓴이의 생각을 바탕으로 경작되고 그 생각은 삶의 가치관

에서 나온다. 시대변화에 따라 요구되는 사회인과 각광받는 가치관은 변하기 마련이지만, 시대와 관계없이 공통으로 지키고 보존해야 하는 기본값의 가치도 있다. 동화라는 장르는 보편적 진리와 가치를 가지지만 시대가 변함에 따라 해석도 새로워지고 있으며 다른 관점이 요구되기에 그녀가 쓴 패러디 동화는 새로운 글을 읽는 거처럼 흥미롭다.

패러디한 동화 속에는 현대인의 탐할 수밖에 없는 욕망이 담겨 있고 더불어 위로와 함께 자기만의 걸음과 올바른 삶의 태도는 무엇인지 생각해 볼 수 있는 유익도 챙길 수 있다.

「거북이와 토끼」에서는 겸손하지 않은 토끼가 달리기에 관한한 대적할 상대가 없음을 알고 으스대지만 느리고, 느긋하고 전투력 전혀 없는 거북이 아줌마가 토끼에게 도전장을 내며 경주하는 내용을 담고 있다. 나탈리 포트만은 거북이 아줌마의 승리를 꾸준함을 업은 성실함으로 꼽았지만 연륜에서 나오는 선택과 집중도 제 몫을 담당했다고 생각한다. 젊고, 날렵하고 근육질 토끼는 그만큼 호기심이 왕성하고 유혹에 쉽게 흔들리는 약점을 갖고 있다. 하지만 거북이 아줌마 나이 듦의 모습은 내가 할 수 있는 일과 할 수 없는 일을 구별하고 선택에 대한 집중으로 승리를 이끌어냈다고 볼 수 있을 것인데 "꿀을 천천히 음미하면 무엇보다 달콤하잖아요."에 담긴 거북이 아줌마의 우승 소감은 느리더라도 인생을 성실히 살아간다면 자기 인생의 우승자가 되는 것 아니겠는가. 하여, 내공은 '매일의 일상을 꼬박꼬박 살아낸 사람만이 음미할 수 있는 달콤한 꿀과 같은 것이다.' 라고 할 수 있겠다.

「아기 돼지 삼 남매」우화엔 남녀가 함께 주인공이 된 서사만으로도 신선하게 느껴졌고 돼지 남매를 괴롭히는 늑대를 여성으로 등장시켜서 악당은 남성일거란 선입견을 부수고 남성과 여성이 함께 사는 사회를 표현했다. 늑대에 의해 힘없이 무너진 집은 일회용품과 나무젓가락으로 지어진 집으로 묘사되며 우리나라에서도 한동안 '순살 아파트'라는 오명을 쓴 건물을 생각나게 했다. 점점 심각해지는 일회용품 사용과 배달음식 속에 들어있는 환경오염에 대한 반성도 하게 된다.

하버드에서 심리학을 공부한 나탈리 포트만은 그간 할리우드의 공공연한 임금 성차별에 대해 앞장서서 비판하고, LA 여자 축구팀을 인수해 지원하는 등 다양한 사회 활동을 해왔다. 또한 2020년 아카데미 시상식에서는 후보로 지명되지 않은 여성 감독들의 업적을 기리기 위해 그레타 거윅, 로렌 스카파리아, 룰루 왕 등 여성 감독의 이름을 수놓은 드레스를 입고 참석하기도 했다.

그녀의 행보는 파격적이고 구설수에 오르기도 했지만 리스크를 감수하며 자신의 가치관을 실천하고 있다. 세계적인 여배우, 특히 '스타워즈와 토르' 시리즈의, 현실에는 존재하지 않을 것 같은 환상적이고 신비함으로 싸여있는 여배우라면 '꼭 이렇게까지 해야 하나' 싶지만 그녀는 지금까지 자신의 가치관에 대한 믿음과 신뢰로 꾸준하게 활동하고 있는 여성이다.

마지막 우화 「시골 쥐와 서울 쥐」는 사촌누나의 초대로 도시에 간

시골 쥐가 겪는, 화려한 거리와 불빛, 먹어보지 못한 진귀하고 다양한 음식들 이면에 위험과 공포가 포진한 도시의 어두운 면을 보고 초라하고 보잘 것 없어도 내가 있는 현재의 자리가 행복의 자리라는 깨달음을 주었다. 또 위험에 처했을 때 친구를 버리고 혼자만 살겠다고 도망가는 누나 친구들의 모습에 진짜 친구의 모습은 어떠해야 하는지 주위를 환기시켜 주기도 한다.

환경운동가이며 페미니스트라고 자처하는 그녀가 담아낸 고전 우화 패러디 작품은 그녀의 가치관과 신념이 잘 나타나 있어, 우화에 대한 새로운 시각뿐 아니라 그녀를 배울 수 있는 시간이었다.

시대의 알람으로 울리는 통증들이 있다. 여성, 소수자, 기후, 전쟁, 기아, 욕망, 자본, 살인, 능력주의와 속도 등 빠른 변화에 적응해야 살아남는 야만의 땅에 바르게 해석하고 연대하며 가야함을 우화를 통해 알게 된다.

인간이 만든 것이 우상이 되어 도리어 물질만능주의와 속도를 중요하게 여기는 세태를 좇아가도 이상하지 않은 현실은 우리를 성찰 없이 영원한 진실의 빚쟁이로 만들어 버린다. 원작이 어린이에게 주는 교훈이 있었다면 나탈리 포트만의 우화는 교훈 그 이상의 것, 본질과 존재를 흔들어 놓을 담론을 모두에게 던져주었다.

그녀의 영화 〈브이 포 벤데타〉 속, 전설의 전사 'V'라도 기다려야 하는가 하는 무기력에 빠지려다 삶은 계속되어야 하므로 현재 우리에게 필요한 것은 무엇인지 생각해본다. 자본주의 중독에서 벗어나 포도가 포도즙이 되고, 포도즙이 포도주가 되고, 포도주가 다시 성수(聖

水)가 되어가는 무르익는 영적인 활동으로 나의 힘을 올바름의 어딘가에 보태야 하지 않을까. 삶의 질감이 대체로 퍽퍽하더라도 세상의 목소리에 귀 기울여야 할 때이다.

빛나는 별은 아니어도
『변신』 로렌스 데이비드 글/델핀 뒤랑 그림/고정아 옮김/보림

　책이란 우리 내면의 '얼어붙은 바다'를 깨뜨리는 도끼와 같다는 말은, 프란츠 카프카가 친구에게 보낸 편지에서 유래한 유명한 비유이다. 이 표현은 책이 단순한 지식 전달을 넘어, 독자의 사고와 감성을 새롭게 각성시키는 강력한 힘이 되어야 함을, 촉각이 있는, 육감이 살아있는 삶을 위한 도구로써 현대인의 필수가 '책'임을 강조한다. 여행이나 경험의 부족이 심각한 나로서는 시대의 교양 챙기기에 매우 좋은 도구로서도 책은 유용하다.

　하지만 정말 책이 나의 내면과 얼어붙은 의식에 도끼와 같은 역할을 했는지는 의문이다. 사고와 삶은 변화하지 못하고 머리와 목소리만 커지면서 조금 넓어졌다는 식견으로 자기주장만 옳다고 하는 것은 아닌지 자괴감을 떨칠 수 없다. 떠도는 말 중에 '책을 한권 밖에 읽지 않은 사람이 제일 무섭다'고 했던가.

　한때, 실존주의 철학자를 비롯해서 세계인의 극찬을 받아 알게 된 프란츠 카프카의 『변신』을 읽고 강렬한 인상을 받았었다. 만남은 영업을 위한 목적, 일은 생계만을 위한 도구로 인식되는 동안 자신은 돈 버는 기계로 전락하며 쓸모없어진 사람이 어떻게 도태되고 죽어가는지 보여준다. 진지하고 묵직한 소설을 그림책으로 새롭게 구성

했다고 하니 작품이 로렌스 데이비드의 『변신』이다. 작가는 카프카의 『변신』을 읽고 영감을 얻어 썼다고 작품 서두에 밝혀둔다.

그레고리 샘슨은 하루아침에 벌레가 되었다. 하지만 가족의 눈에는 벌레로 변해버린 것을 알아보지 못한다. 아빠가 아침식사를 준비하고 엄마는 식탁에서 신문을 보는 비교적 현대적이며 역할에 대한 고정관념도 작동하지 않은 세련된 가정에서 자녀가 벌레가 된 것을 알지 못하는 것은 '소통의 부재'를 상징한다고 할 수 있다. 가족이라는 이름으로 많은 시간을 함께 보내고 있으나 모양만 있고 알맹이는 없는 관계를 보여준다.

카프카 작품 속의 그레고르는 가족도 크게 다르지 않다. 외판원이었으나 어느 날 아침, 벌레로 변한 후 가족으로부터 철저하게 외면 받는다. 아버지는 그를 해충으로 여기고 사랑하는 여동생 그레테 조차 오빠의 모습을 인정하지 않는다. 벌레로 변한 아들, 오빠에 대한 안쓰러움보다 그레고르가 더 이상 돈을 벌어 올 수 없다는 것만이 중요하게 나타나는 이기적인 집단이 가족으로 표현된다. '인간은 언제 인간을 떠나는가?' 물었을 때 '그가 더 이상 쓸모가 없을 때'라고 대답하는 효용 없는 존재로 전락한 현대인의 운명을 보여준다고 할까.

그레고리 샘슨이 벌레로 변한 것을 아는 사람은 함께 사는 가족도, 가르치는 선생님도 아닌 친구 마이클이었다. 마이클은 그레고리를 도와 도서관에서 변신한 벌레에 대한 도감을 함께 찾아보며 왜 하루아침에 벌레로 변했는지 알아봐 주었고 친구가 벌레로 변한 것에 대한 편견 없이 있는 그대로의 모습을 받아들이며 '우정 전선'에 이상이 될 만한 것은 없었다.

　가족을 위해 열심히 살아 낸 그레고르 잠자, 벌레로 변했지만 부양에 대한 무게는 이 땅을 살아가는 실존의 무게보다 더 크게 느껴진다. 그의 울부짖음은 벌레의 괴상한 소리로 변했고 어머니의 외면, 아버지의 혐오, 처음엔 먹을 것을 열심히 내어주던 여동생의 냉대는 갈수록 심해지며 유통기한이 지난 우유나 치즈를 주는 것으로 본심을 드러낸다. 쓸모없어진 한 사람이 사회가 원하는 기능을 상실하며 무너지는 내면세계는 고립감과 함께 살아갈 소망을 희미하게 만들어 간다.

　학교에서 돌아온 그레고리 샘슨, 해는 뉘엿뉘엿 지고 여전히 자신을 알아보지 못하는 부모님과 여동생은 자기에게 여전히 관심이 없다. 방에 들어가 천정에 붙어 혼자만의 시간을 보내고 있는데 가족이 드디어 그레고리가 벌레가 된 것을 알아챈다. "변한 걸 몰라봐서 미안하구나." "벌레가 된 느낌이 어때?"의 공감과 받아들임의 모습에서 가족의 따뜻한 이해와 사랑이, 비록 벌레의 모습으로 있어도 존재자체로 인정받는 것 같아 그제서 그레고리 샘슨은 만족스럽다.

　카프카의 그레고르가 벌레가 되었을 때 "도대체 왜?"라고 항변한 가족은 없었다. 그저 "저걸 어떻게 처리하지?"라고만 한다. 서바이벌 게임 같은 자본주의 논리 속에 '쓸모없음'은 '존재 없음'으로 병치되어 퇴출되고 마는 쓸쓸한 모습이다.

　그레고르는 가족에게 폐가 되지 않기 위해 노력했지만 결국 자신의 모습을 받아들이고 사라지는 것이 좋다고 생각하기에 이른다. 그의 존엄과 존재를 지켜 줄 사람은 가족 중에 아무도 없었다. 존중받지 못한 헌신과 희생, 알아주지 않은 땀과 눈물을 그레고르는 누구도 원망하지 않고 자신의 마지막을 선택한다.

우리의 인생이 어린이를 위한 그림책 『변신』의 그레고리 햄슨 이라면 얼마나 좋을까. 태엽과도 같은, 도돌이표 밖에 없는 시간 속에서라도 누군가 '너는 빛나는 별이다' 말해 줄 이가 있다면 우리는 얼마나 행복하겠는가. 그레고르 잠자는 죽는 순간에 이르러 진정한 사랑은 어떤 상황이라도 받아들이는 것이라고 유언처럼 내게 말하고 있다.

우리는 사회라는 커다란 기계 속에 누구의 엄마, 아빠, 직함과 역할로 딱딱한 껍질 속에 숨어 자신의 속살은 숨기고 살아간다. 소설 『변신』은 단순히 쓸쓸한 감정을 넘어 사회와 가족 속에서 얼마나 조건부로만 존재가 받아들여지는지 그레고르를 통해 보았다.

작가는 이러한 인간의 쓸쓸함에 대한 보상과 위로를 새로운 관계 맺음으로 말하고 싶었는지 모른다. 카프카의 그레고르가 가족만 바라봤다면 그레고리 샘슨에게는 친구가 있다. 사회적 소통 망이 있었기에 어려운 순간이 왔을 때 이겨낼 수 있었다. 결국 우리는 관계 속에서 의미를 새롭게 만들어 갈 수밖에 없다. 존재가 쓸모로 환원되지 않음을 소통을 통해 자신에게 증명하며 지내야하지 않을까.

오늘의 나, 오늘의 숨은 이미 충분하고 숨을 나눌 수 있는 누군가가 있다면 확실한 '오늘'이 될 것이다. 문득 주위의 모든 지인이 애타게 생각나고 보고 싶다. 인간이 스스로 아무리 실존이라 외쳐도 실존은 타인을 통해서만 밝힐 수 있기에 타인은 또 다른 나다.

사랑, 무해(無害)의 힘
『사랑에 빠진 개구리』 맥스 벨트하우스/이명희 옮김/마루벌

심장이 쿵, 쿵, 쿵 뛰거나 몸이 뜨거웠다 차가웠다 한다. 웃고 싶기도 하고, 울고 싶기도 하고, 종일 꿈속을 걷고 있는 것만 같거나, 자기가 행복한지, 슬픈지 알 수 없는 감정은 무엇일까. 오해 마시라 갱년기는 확실히 아니다. 저기 저 초록색 생물은 올챙이에서 개구리가 되자마자 사랑에 빠졌다. 붉은색 줄무늬 반바지를 입고 누군가를 향해 바이올린을 켜고 있다. 정 말 정말 귀엽지 않은가, 사랑이라는 무해(無害)한 힘을 가진 존재는 조건이나 필요를 초월한다는 걸 보여주는 역설의 '논리 없음'이다. 누군가를 쉽게 좋아하지 못하는 세포를 장착한 나의 관점에서 보면 어쩌면 무언가를, 누군가를 좋아한다는 것은 재능이다.

귀엽고 상큼한 초록 개구리는 본인의 생뚱맞은 모습에 놀라 돼지 친구와 토끼에게 묻는다. "나 왜 이러냐."고 친절한 토끼가 개구리의 증상을 듣더니 말해준거다. "사랑에 빠진 거"라고. 자신의 마음을 알아챈 개구리는 이제 생각한다. '내가 누굴 사랑하는가' 사랑은 이렇게 어디선가 들이친 번개처럼 시작점을 알 수 없는 것일까. 자, 그럼 우리의 초록 생물은 도대체 누굴 좋아하는 걸까.

사랑에 대한 이야기를 할라치면 각인되는 소설이 있다. 이승우의

『사랑의 생애』다. '사랑하는 사람은 사랑의 숙주다'라는 충격적인 첫 문장을 잊을 수 없다. 사랑은 사랑하기로 작정한 사람의 내부에서 생애를 시작한다는 서사는 정말로 사람의 일생이 사랑의 숙주로 살다 죽는 것이 전부구나 하는 생각까지 하게 만든다.

사랑이라는 외계생물은 인간을 숙주로 삼아 습성이나 인성, 상처 등과 버무려져 결혼으로, 질투로, 짝사랑으로 완전해진다. 사랑은 숙주(사람의 정신과 몸)속에서 발병하여 사랑이 무엇인지 깨닫게 하고 좌절하게도 하며 숙주의 일생을 함께한다.

사랑에 빠진 개구리는 과연 누굴 사랑한 것일까, 오리다. 사랑이 오리를 사랑하라고, 오리를 개구리 가슴 안에 들이라고 사랑이 종용했다. 두 생물의 사랑이 가당키나 한가. 꼬마 돼지의 말처럼 초록과 하양인데. 사는 곳도, 먹는 것도 다른 두 생물.

조건 없이 사랑한다는 것은 판타지다. 이런 받아들임의 사랑은 신의 사랑 밖에 없을 뿐더러 우리는 현실을 살아가는 연약한 존재다. '이 사람이 나를 존중해 주어서', '가치관이 맞아서', ' 함께하면 즐거우니까' 등도 엄밀히 보면 조건이다. 사실 이런 조건이 사랑을 지속 가능하게 만드는 요소로 작동하는데 주인공 개구리의 사랑은 알 수 없다. 알 수 없는 게 사랑이라면 개구리는 제대로 사랑을 하고 있는 것이다.

개구리의 사랑을 인정하고 오리의 마음을 쟁취했다 쳐도 영원히 같은 무게로 개구리와 오리는 얼마나 서로 공명하며 살 수 있을까. 누군가의 말처럼 사랑으로 시작해서 전우애로 끝나고 말수도 있지 않을까. 소소하게 계절도 바뀌고 유행도, 취향도 바뀌는 게 인생인데 사랑이 숙주의 컨디션에 따라 달라진다면 ……

 어릴 적 나의 사랑은 참 치사했던 것 같다. 초록 개구리가 조건 없이 하얀 오리에 대한 사랑을 키울 때, 친구들의 실연의 아픔을 보며 사랑에 조건을 주렁주렁 달았다. 그리하여 사랑을 해보기도 전에 어린 연인들을 향해 시샘을 먼저 했던 것 같다. 이승우 작가의 말을 빌리면 질투는 자신의 약점의 크기라고 하던데 사랑이라는 감정을 마음에 들이기도 전에 사랑하는 사람사이에서 느껴지는 전율과 환희의 밝은 얼굴을 질투했다. 왜 나는 이런 사랑을 주고받지 못하는 저주에 걸린 걸까 하면서.

 계산하고, 일단 거절하고, 간보다 그만두며 주체성 없는 사랑을 했던 것이다. 칸트처럼 신중함과 우유부단으로 심사숙고하는 동안(칸트는 여성과 결혼을 놓고 고민할 때 상대 여성들은 이미 다른 사내와 결혼해서 아이가 둘이나 되었다고 한다. 꽤 여러 번! 결국, 그는 철학과 결혼했다) 가슴보다 머리만 더 커진지도 모르겠다.

 작품속의 개구리가 앓고 있는 증상과 비슷하지만 나를 숙주삼아 쳐들어온 갱년기를 먼저 사랑해야겠다는 결론에 이른 것은 아무도 나를 사랑해주지 않는다 해도 나는 나를 포기하지 말아야한다는 소명(?) 때문이다. 사랑하는 상대를 통해 자신을 더 크고 깊게 경험하는 자기 확장의 의지가 사랑이듯이 속에서 무럭무럭 자라고 있는 갱년기를 사랑하면서 자기 확장의 의지를 키워야하는 때 인가보다.

 봄밤의 향기는 개구리 소리가 되어 사랑을 업고 찾아와 화끈거리는 얼굴에 환풍기를 틀어주었다. 조건 있는 사랑이든, 없는 사랑이든 이 땅의 심고 자라는 모든 사랑이 밤편지가 되어 내게 다가오는 것만 같다. 낭만으로 가득한 봄밤, 슬픔은 위로받을 때 힘이 되고 사랑은 공감 받을 때 완성되기에 개구리의 사랑이 미완으로 끝나지 않기를 바라며 아이유의 〈밤편지〉를 작게 틀어놓는다.

본 아뻬띠!(Bon appétit!)
『레스토랑 sal』 소윤경/문학동네

인간은 평생 엄청난 양의 음식을 먹고 마시며 살아간다. 음식은 단순히 식량으로서만 의미를 가지는 것이 아니라 하나의 문화이자 공동체의 정체성을 대표하기도 한다. 먹을 것이 넘쳐나기도 하고 혹은 부족해서 지구 어딘가에 굶주림으로 죽어가는 인류를 생각하며 먹어야 한다면 우리가 먹는 음식은 어디서 왔으며, 무엇을 먹어야하며, 어떻게 먹어야 하는지 숙고해야 할 때이다.

지독한 전염병에 걸려 회복 중일 때 가장 많이 먹은 음식이 '붉은 고기'다. 물에 빠진 고기를 좋아하지도 않으면서 삼계탕을 삼일 연속으로 먹은 날도 있다. 희한하게도 남의 살을 먹을수록 조금씩 몸이 좋아졌다. 마치 흡혈귀가 된 기분이었다. 비루한 몸뚱이가 동물성 단백질을 요구하는데 소화력도 약하면서 꼬박 일주일은 남의 살(고기)을 먹었던 것이다. 그때 나의 독서 목록은 '비건과 채식'이었는데 읽기와 살아내기의 간극이 너무 커 자괴감이 들 정도였다. 일상에서 하루라도 온전한 채식으로 생활하는 것이 매우 힘들다는 것에 놀랐고 남의 살로 기운을 차린 죄책감(고마움)이 갑자기 내려앉은 어둠처럼 밀려왔다.

잠시 고기를 먹지 못하던 때가 있었다. 나와 같이 허파로 숨을 쉬는 동물을 죽여서 그의 살을 싹둑 잘라 튀기고, 볶고, 찌고, 구워서 먹는 것에 대한 혐오감 때문이었다. 그것도 잠시, 인스턴트 음식과 화학 향신료에 매료되면서 중학생이 되어서는 어색하지 않게 매콤하고, 달기도 하고, 짭조름한 맛의 고기를 쉽게 배웠다. 지금도 가끔 생고기의 살 비린내가 나지만 모른 척하고 먹는다. 각종 소스에 담가 재웠다가 익히면 그런 냄새는 없어지고 나는 이미 포식자의 설레는 위장이 되었기 때문이다.

붉게 내려앉은 하늘 아래로 화려한 건물이 보이고 한 여자아이가 엄마에게 이끌려 세련되어 보이는 레스토랑에 도착한다. 세계 최고의 실력을 가진 수많은 셰프와 스텝이 일사불란하게 움직이는 이곳은 최고급〈레스토랑 Sal〉, 넓은 홀은 가격이 비싸더라도 어디에서 무엇을 먹는지에 따라 자신의 가치와 품격이 달라진다고 믿는 사람들로 가득하다.

음식을 먹는 사람의 입만 클로즈업해서 묘사한 그림들은 징그럽고 그로테스크하다. 탐욕스럽고 게걸스럽게 먹고 있는 입들은 '혐오'를 생각나게 하면서 '내 입이 저렇단 말야?' 하지만 반박할 말이 떠오르지 않는다.

잠시 화장실에 온 아이는 벽에 낀 고양이를 구해주려다가 함께 주방과 이어진 은밀한 공간으로 빨려 들어간다. 이상한 나라의 엘리스가 토끼를 따라 환상의 공간으로 옮겨간 것처럼 고양이를 따라 들어간 그곳엔 '레스토랑 Sal'의 동물들이 어떻게 다뤄지는지 실체적 진실을 보여준다. 작은 케이지에 수많은 동물이 갇혀 있고 죽음을 직감한 동물들은 울부짖거나 축 늘어져 있다. 커다란 탱크와 수조안에서 털이 뽑히고, 내장이 발라내지고 그들의 육체는 조각이 되어 나오는 모습에 겁에 질린 아이는 고양이를 따라 케이지에 갇힌 동물들을 풀어주고 함께 도망치려 하지만 막다른 벽에 다다른다.

"레스토랑 Sal의 모든 재료는 최상의 컨디션으로 관리하고 있습니다. 행복한 재료들이 최상의 맛을 내는 법이지요."

다시 잡혀간 동물들은 맛있는 음식으로 가공되고, 조리되어 아름다운 접시에 담겨 엄마의 식탁에 오른다.

오직 인간에게 먹히기 위해 평생 스트레스에 노출된 채 살다가 죽어간 동물이 우리 식탁에 오른다는 끔찍한 사실을 강렬한 색감과 괴기스런 표정으로 적나라하게 보여준 작가는 책 출간당시 학부모들로부터 항의를 많이 받았다고 한다. 하지만 이 작품은 단지 육식을 혐오하고 채식을 권하는 이야기가 아니라 '약자'에 대한 관점이란 것을 분명히 했다고 한다. 미국 작가 토미 웅거러는 '고통 없이 자라는 아이는 성장하지 못한다.'라고 했다는데 은근 공감 된다.

산업 역군을 기르기 위한 근대인의 식단은 고기, 우유, 설탕, 카페인이었다. 모두 서구 제국주의의 산물이다. 고기와 우유는 동물착취, 커피와 설탕은 식민지 착취로 가능했고 국가정책과 현대인의 요구에 의한 자연스러운 개방이었다. 우리나라는 한 해에 식용으로만 12억의 동물을 죽인다. 전 세계 포유류 중 36%는 인간, 60%는 인간이 먹기 위해 가르는 가축, 4%만이 야생동물이다.

농업혁명 시대부터 집단사육은 점점 체계화, 가속화하며 근대에 이르러 값싸고 더 많은 양의 고기를 얻기 위해 가동되지만 지금은 기후위기 원인 중에 하나로 꼽히고 있다. 또한 편의와 필요에 의해 유전자 공학 기술로 새로운 식물이나 생명체를 만들어 내기도 하고, 동물에게 항균제와 같은 인공적인 약품을 무차별적으로 먹이기도 한다. 이 모든 것이 인간을 위한 것이기에 필요악이라는 합리화로 통치고 있어 인간으로 태어난 것을 감사해야하는 지경에 이르렀다.

'본 아뻬띠!(Bon appétit!/많이 드세요)'로 끝나는 작품의 문제의식은 표지 그림에서부터 드러나 있듯이 'Pain of Salvation(페인 오브 살베이션/구원의 고통)', 구원으로 가는 길은 고통을 통과해야만 하고 인간의 자기 성찰이 이루어지지 않으면 치유는 없음을 역설하고 있다. 작가의 말을 빌리자면 '인간의 자기파괴 본능, 가학과 피학의 구도, 육식을 위한 동물 농장' 등 인간의 일상에 아무렇지도 않게 자행되는, 감춰졌기에 더 잔혹한 세계를 표현하고 싶었다고 한다.

라틴어로 'sal'은 소금을 뜻한다. 우리에게 꼭 필요한 소금과 구원, 작금의 시대 유해 한 육식의 경고를 무시하면 구원받지 못하는 인류가 되는 것은 자명하다고 경고장을 받은 기분이다.

울퉁불퉁 강바닥 같은 우리 내장이 정말 원하는 것은 무엇일까, 창백해져만 가는 지구의 병든 모습에 최고 포식자로 느끼는 일말의 양심이 구원의 영토를 조금씩 넓히기 바란다.

비건 독서를 마치고 나빠져만 가는 환경과 서둘러 저물어가는 몸의 상태를 느끼며 기름진 육식을 줄여보자고 마음먹는다. 그 날! 바로 그날 저녁! 우연히 찾아간 지인의 집에서 '레어'로 익힌 소고기를 왕창 먹으며 신령한 영혼과 자연과 생태적 삶이 무엇인지 고민했다.

생태적 일상을 꾸려보겠다는 얇은 결심이 몇 시간 만에 여름날 벌레처럼 날아들고 그것을 잡아 죽이며 집으로 돌아왔다. 마음먹은 대로 살아지면 얼마나 좋으랴!

낯선 결심에 익숙하지 않은 행동은 앞으로도 싱거운 비웃음으로 끝날 수도 있다. 하지만 새로운 변화는 '어느 날 갑자기'가 아니다. 우리의 새로운 시대는 오래된 달력을 넘길 때 오는 것이 아니라 서로 바라보며 이끄는 눈빛에서 시작하는 것일지도 모른다. 우리는 왜, '육식'을 필요로 하는지, 자본의 거대한 톱니바퀴에 끼여 생각이 삐걱거리더라도 성찰하면서 이제는 특식으로 위장한 풍요를 과시하는 문화적 욕망에서 벗어났으면 좋겠다.

삶이여 만세!
『나의 프리다』 앤서니 브라운/공경희 엮음/웅진주니어

성경을 읽어 보면 예수가 병자나 장애인을 고친적은 있지만 그를 대적하는 무리나 불평을 늘어놓는 사람을 고쳤다는 에피소드는 없다. 발전은 머리 좋은 이들의 애씀으로 상승한다면 인생은 가냘프고 보잘 것 없는 이들의 걸음으로 깊어지는 것을 느낀다. 신의 아드님도 인생을 아셨고 가장 낮은 자의 마음이 육체적인 고통을 겪고 있는 사람이란 것을 통감하고 있었던 것이다. 인생에 기쁨을 느끼는 순간은 고통과 비례하지 않는다는 것을 인류는 증명하며 진보해왔다. 주위를 둘러보면 고통스러울 것 같지만 행복해 보이는 사람, 육체의 한계가 자신의 생에 치명적 단점으로 작용할 것 임에도 기죽지 않고 아침이슬처럼 사는 사람들이 있다.

멕시코 화가 프리다 칼로는 내게 많은 영감과 도전을 준 여성 화가다. 그녀가 쓰는 강렬한 색채와 그로테스크한 내면세계를 화폭에 담아낸 거침없는 영혼은, 그녀 자신의 불굴의 의지가 그대로 반영되었다. 지금도 그녀의 그림을 보며 대리만족에 빠지곤 한다. 사랑, 배신, 열정, 고통, 간절함 등이 초현실주의 풍으로 나타낸 작품으로도 유명한 프리다 칼로는 소아마비로 여섯 살 이후 오른쪽 다리가 자라지 않았다. 열여덟 살 때는 열차에 온몸이 부서지는 끔찍 사고로 평생 육체적 고통에서 놓여 지지 못했다. 심각한 부상으로 누워있을 때 할 수 있는 일은 누운 채로 그림 그리는 일이었다고 한다.

『나의 프리다』는 세계적으로 유명한 동화작가 앤서니 브라운의 매운맛 프리다 칼로에 대한 환상적인 이야기다. 장애가 있으면 자연스럽게 또래 친구들로부터 소외되지만 작품속의 프리다는 우울하거나 속상해하지 않고 건강한 또 하나의 자신을 만들어 꿈속으로 초대한다. 두 명의 프리다를 만들어 함께 하고, 내면의 자신을 위로하며 진실한 소통으로 통합된 자아가 되어 성숙을 이룬다. 앤서니 브라운이 해석한 프리다 칼로다.

그녀는 말한다.

"나는 내가 처한 현실을 그린다. 내가 아는 것이라고는 스스로 필요하기 때문에 그리며, 별 생각 없이 그저 머릿속에서 떠오르는 대로 그린다는 것이다."

이처럼 자신의 현실을 적극적으로 작품에 담았기에 그림을 이해하려면 프리다 칼로의 삶을 알아야 한다. 앞에서도 말했듯이 그녀의 삶은 고통과 떼려야 뗄 수 없다. 열차 사고로 무려 서른두 번의 수술과 두 번의 유산, 남편 디에고 리베라의 여성 편력으로 두 차례 이혼과 재결합을 반복하며 죽음과도 같은 육체적, 정신적 고통을 그림에 고스란히 담아냈다.

신이 있었다면 아름답고 재능 많고 신념이 강한 그녀에게 가혹하지 않은가, 혹자는 말하기도 하겠지만 신이 있기에 그녀의 투지는 빛난다. 신은 그녀에게 감당할 만큼의 시련을 주었고 프리다는 한 번도 삶의 희망을 놓지 않고 자신의 자리를 지키며 마침내 작가 생활을 한 지 12년 만에 멕시코시티 대학에서 갤러리를 열었다. 이때, 앙데르 브르통의 관심으로 그녀의 자화상은 루브르 박물관에 걸리게 되고 루브르에 최초로 입성한 중남미 여성 작가라는 타이틀을 얻는다.

"그게 바로 인생이란다." 신은 프리다를 향해 이렇게 화답할 것이다.

삶에는 어떤 법칙도 통하지 않고 그저 삶 자체만이 존재한다. 이 말 속에는 체념과 순종의 의미를 내포하고 있다. 맞다. 삶은 불공정 게임 같고, 누군가는 신의 편애로 생을 사는 것 같기도 하다. 현실을 부정하며 불평한다고 상황은 변하지 않을뿐더러 세상의 온갖 지저분한 감정이 자기 마음에 난도질만 할 것이다. 삶은 논리가 들어올 자리가 없을 만큼 운명석이며 운명적이지 않다. 때로 우리의 경험은 노력의 결과물이 아닐 수도 있고 어떤 일들은 특별한 이유 없이 일어나기도 한다. 우물쭈물하다가 기회를 놓치고, 기차는 떠나고, 사랑하는 사람은 다른 사람을 따라 가버리는 것이 인생이다. 이런 삶의 부조리함을 덤덤하게 받아들이는 수밖에 달리 방법이 없음을 절감하는 것이 인생이다. 하지만 인생이라는 이름의 시간과 공간은 누구에게나 공평하게 주어진다. 이 때 '이게 바로 인생이야' 한다는 것은 상황에 굴복하지 않고 늠름하게 살아내며 보상이나 대가가 없어도 삶 자체를 즐기는 것이 존재정신이다.

신이 바라는 것은 어떤 삶일까, 매일을 받아들이며 덤덤하게 하루를 살아내는 것이 아닐까. 몇 번이고 취업에 실패하고, 계획한 것은 거의 어그러지고, 집 담보대출은 오늘도 출근하는 기계로 만들고, 나만 막막한 것처럼 느껴질 때는 열패감에 사로잡히기도 한다. 그럼에도 삶은 계속되고 심장은 여전히 뛰고 있다. 우리는 별이 되지 않더라도 꿈은 꿀 수 있는 실존하는 현존재다. 가수 황가람의 노래 '나는 반딧불' 가사가 죽을 것 같은 하루를 살아낸 우리의 마음을 잘 비춰주고 있다.

나는 내가 빛나는 별인 줄 알았어요
한 번도 의심한 적 없었죠
몰랐어요, 난 내가 벌레라는 것을
그래도 괜찮아 난 눈부시니까
하늘에서 떨어진 별인 줄 알았어요
소원을 들어주는 작은 별
몰랐어요, 난 내가 개똥벌레라는 것을
그래도 괜찮아 나는 빛날 테니까
나는 내가 빛나는 별인 줄 알았어요
한 번도 의심한 적 없었죠
몰랐어요, 난 내가 벌레라는 것을
그래도 괜찮아 난 눈부시니까

황가람, 나는 반딧불 가사 부분

자기만의 속도로
『지각대장 존』 존 버닝햄/박상희 옮김/비룡소

어떤 것을 모른다는 것은 대개의 경우 그것을 알려고 하지 않는 것에서 연유한다. 모른 채로 살기 위한 노력을 아끼지 않기 때문이다. 배우려고 하지도 않는다. 무지라고 하는 것은 단순히 지식의 결여를 가리키는 말이 아니라 '알고 싶지 않다'라는 마음가짐을 한결같이 고수해서 생기는 결과 값이다. 역설적으로 무지는 나태의 결과가 아니라 성실의 결과다. 알고 있는 상식과 지혜에서 진보하려 하지 않은 자, 더 이상 알려고 하지 않는 자, 이미 가는 길과 사는 법이 정해져 있다고 굴레 쓰고 사는 자가 자기 세계가 전부이며 완벽하다고 믿기에 모양이라도 다른 것은 배척한다.

'현재 우리가 지극히 자연스럽게 행하는 선과 악의 구분이나, 아름다움과 추함의 판단은 보편적인 것이 아니다. 우리에게 자연스러운 많은 것들은 우리 시대, 우리가 사는 곳, 우리가 속한 사회집단이 지닌 고유한 민족지적 편견에 불과하다.(우치다 타츠루『푸코, 바르트, 레비스트로스, 라캉 쉽게 읽기』중에서)' 는 철학자의 고견에 동의한다.

자기가 생각하는 세계가 전부 인, 겉과 속이 모두 늙어버린 선생님과 성장점의 있는 아이에 대한 이야기『지각대장 존』이다. 읽을수록 딴 생각과 행간의 의미가 깊고도 어지럽게 다가온다.

주인공 존은 지각대장이다.(하지만 3번 밖에 지각하지 않았다) 지각에야 여러 가지 이유가 있겠지만 존은 학교 가는 길에 악어와 사자, 파도를 만나 위기 속에서 간신히 빠져나와 등교하느라 늦었다. 하지만 선생님은 존의 말을 들으려고 하지 않는다. 내가 들어도 황당하다. 작품을 몇 번 읽고 나서 의미를 알게 되었으니 나도 존의 담임 선생님 같은 사람이지 않을까.

어디선가 들은 명언인데 '어리석은 사람은 이미 모든 해답을 갖고 있으며 평범한 사람은 경험으로부터 배우고, 지혜로운 사람은 모든 것으로부터 배운다.'고 했다. 생각할수록 맞는 말이다. 파도에 휩쓸려 간신히 등교한 존은 실제로 흠뻑 젖은 채로 서서 학교 오는 길에 생긴 일을 온몸으로 말하고 있음에도 선생님은 끝내 자기 생각에 갇혀 보려고도, 들으려고도 하지 않았다.

헤세의 작품 『수레바퀴 아래서』 한스의 아버지 '요제프 기벤라트'와 캐릭터가 겹친다. 평범하지 않은 것과 보다 자유롭고 고상한 것, 정신적인 것을 시샘해서 본능적으로 싫어하는 편견의 사람, 그가 존의 선생님이다.

존이 학교 가는 길에 마주하는 악어와 사자, 파도는 현실에서도 겪을 수 있는 다양한 장애물을 상징한다. 장애물은 존을 무너뜨리기 위해, 하지만 존은 장애물에 휩쓸리지 않기 위해, 팽팽하게 대결하고 결국 모든 장애물을 이기고 등교한다.

여기서 존의 지각은 성장의 시간을 의미한다. 빼앗기고, 도망가고, 부딪히고, 버티며 학교 가는 길은 학교 밖 배움의 시간이다. 매번 다른 이유로 지각하는 존과 '지각했다'는 결과만으로 존을 판단하는 선생님의 반성문 요구와 화내는 모습은 나까지 부끄럽게 만드는 장면이었다.

심지어 그는 존이 지각 할 때마다 펄쩍 펄쩍 뛰어올라 더 높은 위치에서 한 손에는 회초리를 들고 더 크게 소리친다. 그렇게 하면 통제가 가능할 거라고 생각하는 것이다. 존을 존재와 인격으로 보지 않고 통제하고 관리해야 하는 대상으로만 보고 있다. 그럼에도 존은 세 번의 위기를 잘 넘기고 학교 가는 길 위에는 언제나 햇살이 비추고 있고, 발걸음은 가벼워 보인다. 누구도 존을 응원하지 않지만 따뜻한 햇살만은 존이 겪은 일을 아는 듯 그의 등을 따라간다.

선생님은 왜 한 번도 존의 말을 들으려고 하지 않았을까, 존의 부모님은 어디에 있는 걸까, 매일 지각으로 혼나면서도 학교에 가는 이유는 무엇일까, 왜 다른 학생은 없는 거지? 현실에서 존에게 구원의 손을 내밀어 줄 누군가는 없는 걸까. 말 못하는 햇빛만이 존을 비추기엔 아무래도 억울하다.

우리 주변에는 존을 닮은 사람과 선생님 같은 사람이 있다. 지금의 교육현실을 그대로 반영한 듯한 작품은 1936년에 태어난 존 버닝햄이 쓰고 그린 책이다. 변하지 않는 것은 여전히 변하지 않고 화석이 되고, 칼이 되어 우리에게 되돌아오는 것 같아 씁쓸하다. 교육자가, 어른이 이런 모습이기만 한다면 누가 어른이 되고 싶을까. 반전이 있는데 황당하게도 고릴라에 의해 선생님이 교실 천장에 매달리게 되는 상황이 발생하며 회초리는 떨어지고 권위가 파괴되는 순간을 그

렸다. 존은 고릴라에게 붙잡힌 선생님을 못 본체 지나쳐간다.(선생님은 거울치료 중)

우리는 존의 시간을 살았고 선생님의 시간을 살고 있다. 아이가 자라 어른이 되지, 처음부터 어른이 되지 않는다는 자명한 사실에 겸허해진다.

세계에 대한 견해는 시점이 바뀌면 달라진다. 따라서 하나의 관점만을 고집하며 다른 사람보다 바르게 세상을 보고 있다고 말한다면 그는 어리석은 사람이다. 존의 지각은 여지없이 체벌대상이며 선생님의 벌주기는 정당하다. 하지만 이것은 서두에 말한 바와 같이 우리가 속한 사회의 관습과 통제의 습성 '민족지적 편견'에 지나지 않는다. 가르치는 일은 생명을 다루는 일이다. '생명의 무게는 같다'라는 명제 아래 존과 선생님의 존엄 역시 같은 무게다. 그러므로 누군가를 통제하고 권위로 압박하는 것은 가르치는 이로써 얼마나 무지한가.

파도까지 버텨낸 존은 이제 학교 가는 길에 아무 일도 일어나지 않아 제시간에 학교에 갈 수 있다. 달라진 것이 있다면 그림책 첫 장에서는 학교에 가기 위해 '집'을 나섰지만 마지막 장에는 학교에 가기 위해 '길'을 나선다. 이렇게 열린 결말로 마무리한 것은 앞으로도 어려움이나 시련은 계속 될 것이라는 것을 암시함과 동시에 그럼에도 배움을 멈추지 않을 것이라는 메시지로 읽힌다.

그렇다면 나는 어떤 사람으로 세상에 있는 수많은 존에게 다가갈까 생각해본다. 자라고 있는 세상의 존에게 푸른 햇살이 될까, 좌절했을 때 불어주는 시원한 바람이 될까. 불안한 시대를 함께 사는 어른으로서 나는 어떤 사람이 되어야 하는가.

서로에게 연루되어
『세 강도』 토니웅게러/양희전 옮김/시공주니어

　아파트 정원엔 철쭉꽃이 한창이다. '무지갯빛으로 찔러 오는 햇살 사이로 온통 산에 붉은 물을 뿌려 놓은 것 같은, 세석평전의 철쭉꽃밭이 질펀하게 펼쳐져 있었다. (중략) 끝이 보이지 않았다. 하늘 끝까지 붉게 물들여져 있는 듯했다. 암, 수 원앙이 어울려 비비꼬는 비단 금침이불 하나로 세석평전 삼십 여리를 덮어버린 것 같은 꽃밭은 불난 것처럼 이글이글 타올랐다.'(문순태 소설 『철쭉제』 중에서) 철쭉, 철쭉, 도시에 자라서 그런가, 비슷한 꽃은 도대체 구별이 안 된다. 철쭉과 진달래와 영산홍, 그리고 창꽃이 진달래와 같은 꽃이란 걸 안 것도 오래지 않았다. 옛사람이 보기에도 잎을 벌리면 환하게 들여다보이는 철쭉은 진달래와 비슷한데 가장 다른 점이 안쪽에 붉은빛 갈색 반점이 그것이다.

　반점들은 다른 봄꽃에 비해 늦은 감이 있어 빨리 벌을 부르기 위한 일종의 애교점(?) 같은 것이란다. 이런 면에서 철쭉은 진달래에 비해 전략가다. 어디 봄꽃만 그럴까, 자연의 모든 생태 구성원은 자기의 살길을 위해 특별한 필살기가 있다. 잎을 가시로 변형시켜 수분 손실을 최소화한 선인장이라든지, 데저트 로즈는 가뭄 동안 씨앗 상태로 있다가, 비가 오면 폭발적으로 발아하기도 하며 돌나물은 척박한 땅에서 영양 섭취를 위한 자구책으로 줄기와 마디마다 뿌리를 낸다고 하니 식물도 생존에 치열하다.

  작은 식물에 비해 작품에 등장하는 세 강도는 좀 한심한 구석이 있는데 살기 위해서가 아닌, 순수하게 '강도질'에만 몰두하고 있기 때문이다. 그들이 왜 강도가 되었는지, 남의 물건을 빼앗아 왜 쌓아두기만 하는지, 아무런 정보 없이 작가는 도둑질하는 세 강도의 모습을 비춰준다. 작가가 살았던 시대적 상황을 이야기하고 싶었던 걸까, 하여 우리는 사람을 죽이지 않는 강도라서 그나마 안심을 해야 하는 독자가 된다. 우스꽝스럽게 강도들은 나팔총, 후춧가루 발사기, 커다란 빨간 도끼를 들고 다닌다. 기동력과 공포스러움이 별로 느껴지지 않지만 이들의 악명은 높았고 사람들은 두려움에 떨고 있다. 후춧가루 발사기로 마차를 세우고, 도끼로 바퀴를 부수고, 총으로 사람들을 위협한 뒤 돈을 빼앗는 게 강도질의 순서다.

  한눈에 보기에도 이들의 강도행각은 어설프다. 개척시대라도 이처럼 허술하지는 않을 것 같은데 안전 가옥에는 탈취물로 보석과 돈, 골동품이 즐비했고 이들은 머리부터 발끝까지 검은색으로 가리고 눈만 보이도록 했다. 복면이라 쓰고 결핍이라고 읽고 싶을 정도로 강도들에게 알 수 없는 연민이 느껴진다. 쓰지도 않으면서 강도질로 모은 재산은 점점 늘어난다. 강도에게 자족하는 마음이 있을 리 만무하지만 움켜쥐고 모으기만 하는 모습에 다시 한번 짠함을 느낀다. 쓰기 위해 벌듯이 쓰기 위한 도둑질이란 말도 통하지 않는 순진무구 세 강도!

그날도 강도들은 자신들의 작업순서대로 마차를 멈추게 하고, 바퀴를 부수고 위협해서 사람들을 쫓아내고, 훔칠 것이 없는지 뒤지다 '티파니'라는 여자아이만 발견한다. 아이라도 훔쳐야 했기에 그들의 소굴로 데려온다. 생각한 대로 강도들은 인정이 많아 티파니의 잠자리를 마련하고 괜히 잘해준다. 세상에 '착한강도'처럼 부자연스러운 단어의 조합이 있을까.

고아 소녀 티파니를 만나면서 강도들은 자신들이 어떤 존재인지 재발견을 하게 되는 인생의 전환점을 맞이한다. 사회적 범죄자라는 낙인의 존재는 단일한 속성으로만 인식하게 만들어 변화 가능성을 보지 못하게 편견이나 선입견을 만든다. 도둑질이 '무언가 부족하다'는 결핍에서 비롯되었고 세 강도는 물질로 결핍을 채우려 했지만 티파니가 나타나 그들에게 심리적, 정서적 결핍을 채우는 길을 열어준 셈이다. 칸트는 도덕행위의 기준을 이성적 의무에서 찾았지만 세 강도의 변화는 이성보다 맑은 영혼의 정서적 공감에서 찾았던 것일까.

"이게 다 뭐에 쓰는 거에요?" 순수의 세계로 상징되는 티파니의 결정적 한 문장이 빼앗은 재물을 어디에 쓸 것인지 한 번도 생각해본 적 없는 세 강도에게 길 잃은 아이, 버려진 아이, 불행한 아이들을 위해 사용하고, 함께 거주할 성을 사도록 용기를 주었다. 세 강도는 아이들에게 예쁜 유니폼을 입히고 성에서 강도들의 보호 안에 살게 되니 소문은 금세 퍼져 점점 아이들은 늘어난다. 내면의 그림자로 작동하던 감추기 위한 망토는 이제 보호자의 망토가 되어 세상의 가엾은 아이들을 지켜 주는 든든한 울타리가 되었다.

새로운 가족 구성원이 탄생하는 순간이다. 도구적 존재로서 서로에게 구실삼아 외양을 그럴싸하게 유지하는 동반자살의 파괴적인 핵가족보다 소중한 가족의 형태다. 한 아이가 살아가는 데는 타인의 돌봄이 필요하지만 그 타인이 꼭 부모일 필요는 없다.

비록 세 강도의 재산이 빼앗은 물건과 돈이었지만 개인의 사치가 아니라 사회적 약자인 고아들의 의식주에 쓰인다. 세 강도의 훔친 보석들이 '축적'이 아니라 '공유와 재분배'를 선택한 동기는 티파니의 맑고 순수한 마음이었다. 관료나 부자들도 행하기에 힘든 이익의 사적 독점에서 공동의 선을 향한 전환을 이루어 낸 것이다.

초반, 세 강도에게 기쁨은 없고 행복은 빼앗아 축적하는데 만 있었던 것처럼 보이지만 후반부 강도의 행복은 '버려진 이들을 위한 보호'로 '함께 사는 기쁨'으로 재성립 되었다. 이것은 아리스토텔레스가 말한 '좋은 삶(eudaimonia)'의 개념을 실천적으로 보여준 셈이니 철학하는 세 강도라고 해야겠다.

사람은 관계 속에서 변화할 수 있고 공동체는 소외된 자아와의 연대를 통해 재탄생되며 인간의 도덕성은 이성보다 타자와의 진실 된 만남에서 촉발된다는 것을 다시 배운다.

행복은 내가 가진 '양'이 아니라 나눌 수 있는 '질'에서 결정되고 우리의 변화를 가로막는 건 사람의 본성이 아니라 우리가 만든 경계와 편견이 아닐까 생각해보며, 그럼에도 강도질에 대한 의문은 여전히 남아 찜찜함은 나의 몫이 되었다.

진정한 정의란 무엇이란 말인가. 티파니의 맑은 눈을 보며 '선한 목적을 위해 수단을 정당화해도 되는가.' 예기치 않은 고민에서 새로운 모색을 이루어 내는 삶의 진보가 세 강도에게 있기를 기도한다.

하늘의 언어
『태양으로 날아 간 화살』
푸에블로 인디언 설화/그제럴드 맥더멋 그림/김명숙 옮김/시공주니어

　논어에는 이런 말이 있다고 한다. '하늘이 장차 어떤 사람에게 큰일을 맡기려 할 때 반드시 먼저 그가 마음의 뜻을 세우기까지 괴로움을 주고, 신체를 고단하게 하며, 배를 굶주리게 하고, 그 몸을 궁핍하게 한다. 그가 하려는 바를 힘들게 하고 어지럽게 하는 것은 마음을 쓰는 중에도 흔들리지 않을 참된 성품을 기르고, 불가능하다던 일도 능히 해낼 수 있도록 하기 위함이다.' 무시무시한 문장 앞에 저절로 생각이 멈추었다. 고난이 정말 축복의 모퉁이가 될 수 있는가. 세상의 모든 영웅의 서사가 논어의 기승전결을 따르고 한 치의 어긋남 없이 큰일을 하는 큰 사람이 되고야 마는 것일까.

　불행(결핍)은 행복의 씨앗일까. 가끔 생각한다. 세상의 결핍 중에 어떤 것이 가장 힘이 센지. 이런 엉뚱한 상념과 함께 뒤적거리던 책장에서 결정적인 결핍을 극복하고 진정한 자기 자신이 된 푸에블로 인디언 설화를 만났다. 태초에 태양신의 빛을 받은 소녀는 동정녀가 되어 사내아이를 낳아 기른다. 자라면서 아이는 '아비 없는 자식'으로 불리며 무수한 멸시를 받고 어머니와 함께 따돌림을 당하게 된다. 어느 날, 출생의 비밀을 알게 된 아들은 아버지를 만나겠다고 길을 떠

나기에 이른다.

　푸에블로는 스페인어로 '읍'이란 뜻으로 미국 남서부 지역에 사는 인디언들의 부락을 일컫는다. 진흙으로 벽돌을 빚어 햇볕에 말려 지은 집에서 햇볕을 흠뻑 빨아들이며 살아가는, 옥수수와 목화를 주로 재배하는 푸에블로 인디언들에게 태양은 모든 생명을 주관하는 강력한 신이다. 그런 위대한 태양의 신이 자기 아버지라니, 아이는 주저하지 않는다. 하늘 아버지와 땅 어머니 사이에서 태어난 아이는 영웅 설화에 나타나는 전형적인 형태를 띠고 있으며 아이 내면에 발현되지 않은 태양신을 향한 열망을 인식하기 전까지 땅에 메여 있는 존재다. 태양에 이르기까지 역경과 고난, 냉대와 무시는 계속되고 옥수수를 재배하고 옹기를 빚는 사람에게 도움을 청하지만 땅의 사람들은 당장 먹고사는 일상 때문에 아이를 도와줄 생각이 없다.

　현대사회는 속도, 효율, 자본, 결과 중심으로 흘러간다. 고통이나 실패로 인한 좌절은 회피하거나, 숨기거나 비효율로 여기며 빨리 잊어버리려 한다. 하지만 진정한 성장과 역량의 힘은 이런 고통스럽고 직면하기 싫은 성찰에서 온다. 무시당한 글 조각, 상대적 박탈감, 정 떨어지는 인간관계, 불투명한 미래와 게으름과 나약함까지, 이 모든 것이 하늘이 허락한, 나를 넘어서게 하는 과정일 수도 있다. '인간은 (나는) 왜 고통을 겪는가.'라는 물음이 내게 온다면 위기가 아니라 기회로 보라는 옛 어른의 고전(古典)의 말씀이 아닐까.

　아이는 예비 된 조력자 궁시장을 만나는데 그가 만든 활과 화살에 기대어 태양까지 날아간다. 옥수수를 기르고 옹기를 만드는 사람은 현실에 종속되어 장래나 미래를 생각하지 않고 아등바등 살아가는 현대인을 상징한다. 우선순위가 무엇인지 각박하게 시간을 분초로 쪼개어 사는 우리에게 경각심을 주는 메시지다. 지금 열심히 살면 미래엔 원하는 것들이 보장받을 거라는 믿음, 상대적 우위를 점하는 우월감, 자본주의 사회에서 조금이라도 안락하게만 살고 싶은 욕망만이 전부여서 공동체니, 민주주의니, 이타심이니, 시대정신이니 이런 건 현실주의를 맥 빠지게 하는 신념이라고 생각한다.

이에 비해 궁시장은 활과 화살을 만들며 일어날지도 모르는 전쟁을 준비하는 사람, 현실에 몸과 마음을 누이지 않고 대비하는 시대의 현자 같다. 그러니 태양의 아들을 알아보는 것은 자연스러운 것이다. 어쩌면 하늘과 땅을 이어주는 신적인 존재는 궁시장처럼 발을 땅에 시 살짝 떼고 있는, 해무에 가려 보이지 않는 지평선 너머를 볼 줄 아는 사람일 수도 있다.

아이의 시련은 아버지 태양신을 만났다고 끝난 것이 아니었다. 아버지의 아들인 것을 증명해야만 하는 시험이 눈앞에 펼쳐진다. 그러나 태양의 아들은 "아버님, 저는 그런 시련을 꼭 이겨내겠습니다."로 화답한다. 아들이 '키바'라고 불리는 지하세계에서 시험을 마치고 돌아왔을 때 전혀 다른 사람이 되어 있었던 것은 단순히 그가 신의 아들이었기 때문이 아닌, 고난과 궁핍, 괴로움과 비천의 고통을 다 알게 된 훈련의 결과가 아니었을까.

서양 고전학자 김헌 교수는 그리스 로마신화를 연구하며 한 가지 깨달은 것은 '친부살해의 전통' 즉, 신들의 계승방식은 아버지의 틀을 깨고(죽이고- 크로노스, 우라노스, 제우스) 자신의 시대를 여는 것이라고 말한바 있다. 신화적 상상력을 통해 이런 것(피동적으로 주어진 모든 것)에 저항하며 낡은 구습이나 선입견, 편견, 혹은 자기가 겪어내야 하는 시련을 깨고 참된 세계를 구축하라는 것이 신화의 큰 가르침이다.

작품이 끝날 때까지 아들의 이름은 밝혀지지 않는다. 그의 이름은 '새로운 태양신'이 아닐까 내 마음대로 생각해본다. 아들은 태양신보다 더 강력한 존재가 되었을 것이다. 그는 아버지 태양신이 경험해보지 않은, 너무나 인간적인 실패와 고통을 통해 단련되어 신성뿐 아니라 인성까지 갖춘, 불가능한 것이 없는 최고의 태양신이 되었음이 확실하다.

고난은 언제나 불공정하며 설명되지도 않고 반복적으로 다가온다. 하늘이 내린 영웅과 이 땅을 살아가는 우리나 무게가 다를 뿐이지, 넘어야 하는 고난은 공평하게 주어진다. 영웅은 고난을 통해 더 강력한 영웅으로 거듭나고, 우리는 우리대로 시련을 통해 삶에서 진보와 성숙을 이루어 낼 것이다. 고난은 맹자의 말씀처럼 우리가 할 수 없는 일을 해내기 위한 준비 과정이다. 하여, 고난은 하늘의 언어이다.

진짜 안녕!

『철사 코끼리』 고정순/만만한책방

부재함으로 존재감을 나타내는 역할이 있다. 그들은 모든 것의 바닥에서 쌀이 밥이 되게 하고 빨래는 입성이 되고 매일 청소기와 걸레로 변신할 수도 있었으며 말라비틀어진 미역은 풍성한 맛의 미역국이 되었다. 묵정밭은 고추밭이나 콩밭이 되고 한때 이름도 없이 '밥상'이 되고 '집안의 사노비'가 되었던 이들.

최근, '죽음'이라는 단어를 떠올리면 드라마 〈나의 해방일지〉가 생각난다. 염씨네 엄마, 등장인물 소개에도 나오지 않았던 염씨 집안의 '엄마'다. 여주인공이 나를 추앙해 달라며 조금씩 자신의 모습을 찾아갈 때, 그 집안의 나이 많은 여성은 죽음으로 해방을 맞았다. 대체되지 않을 것 같았는데 그 부재는 얼마 지나지 않아 다른 존재로 채워졌기에 더욱 충격이었다.

뭐가 이리 쉽나, 죽음도 삶처럼 편해져야 하지만 애도의 시간이 더 필요하지 않나, 드라마를 보며 엄마만이 할 수 있는 따뜻한 헌신이 기능적으로 표현된 것 같아 아쉬웠다.

여기, 죽음을 받아들이지 못해 우상을 만들어 상처 나는 줄도 모르는 아이가 있다. 아무나 오를 수 없는 돌산 아래 소년 데헷과 아기코끼리 얌얌이 살고 있다. 아무나 오를 수 없는 돌산에 왜 둘이서만 사는지 모르겠지만 돌산은 그들만의 세상이었을 텐데 다음 장을 넘겨 보니 아기코끼리 얌얌이 죽어 버렸다.

　느닷없이 찾아오는 것 중에 '죽음'이 단연 가장 클 것이다. 유한자로 존재하면서 길들여진 죽음이라지만 여전히 낯설기에 웰-다잉(Well-dying)이라 하여 죽음을 소비하는 시대를 살고 있어도 도대체 죽음은 한결같이 무참하다.

　읽는 나도 믿기지 않는다. 설마 밀렵꾼들이 아무나 오를 수 없는 산에 와서 얌얌이의 상아와 생명을 빼앗았단 말인가. 이렇게 깊이 숨어 들어온 보람도 없이, 데헷은 눈물을 쉽게 멈추지 못했다.

　남편이 우리 곁을 떠난 지 8년이 되었다. 닥치는 대로, 미친 듯이 일했던 기억밖에 없다. 가장과 아빠의 죽음을 믿고 안 믿고의 고상한 고민은 나중에 하기로 미뤄 두었다. 하루하루가 장맛비처럼 쏟아졌고 아이들은 대학에 진학해야 했기에 정신없던 시간이었기 때문이다. 남은 우리는 일부러 그랬는지 정말 사는 게 바빠서 그랬는지 아빠 얘긴 거의 하지 않고 지냈던 것 같다. 명절날 형식적으로 목련공원에 다녀오는 게 전부였던, 어쩌면 그만큼 치열했던 것이리라 드라마의 엄마처럼.

　가난부심으로 사는 우리는 언젠가 '우리 집엔 없는 게 많다'로 시작해 '공기 청정기 없음', '무선 청소기 없음', '소파 없음', '화장실도 하나밖에 없네.'를 웃으며 이야기하던 끝에 "돈도 없고", "아빠도 없잖아" 누가 그랬는지 기억나지 않았지만 그 말을 듣고 퍽 놀랐다. 블랙코미디를 보는 듯이 유쾌했고, 어느새 우린 남편과 아빠가 없는 어둡고 팍팍한 터널을 빠져나와 살고 있음을, 늑골사이 몰래 가둬 두었던 눈물을 방류하고 아빠라는 존재의 울타리는 이제 자국으로 남아 추억할 수 있다는 것에 감사했다.

 데헷 에겐 얌얌이 세상의 전부였기에, 우리 가족에게 닥친 상실과는 무게와 깊이가 또 달랐을 것이다. 얌얌의 죽음을 받아들일 수 없는 데헷은 철사를 모아 얌얌을 닮은 코끼리를 만들어 "얌얌"하고 불러본다. 모든 존재의 행위는 저 살려고 하는 일이라고 했던가. 죽음을 부정하는 사람의 전형처럼 데헷은 얌얌의 부재를 인정하지 않고 철사로 만든 코끼리를 대체물로 세워 여전히 함께 있는 것처럼 행동한다. 이는 현실을 받아들이기보다 상징물을 통해 과거를 지속시키려는 시도다. 강한 애착대상(얌얌)을 잃으면 뇌는 그 결핍을 메우기 위해 대체대상을 찾는다고 한다. 철사 코끼리는 상실된 얌얌의 그림자 역할을 하며 데헷의 마음속 '애착 고리'를 완전히 끊지 못하게 하면서 이러한 집착은 단기적으로 안정감을 주겠지만 장기적으로는 현실 적응을 지연시킬 게 뻔하다.

 철사코끼리가 데헷의 마음을 위로할 수 있을까, 다행이 누구도 철사코끼리에 대해 조롱하는 사람이 없다. 데헷의 이웃은 그의 상실과 슬픔에 참여하고 있었던 것이다. 말없이.

 데헷은 자신이 만든 철사 코끼리가 사람들을 힘들게 하고 자기에게도 상처를 주고 있다는 것을 인식하게 되면서 이대로는 안 된다는 것을 깨닫게 된다. 사람들에게 상처를 입히고 데헷 자신도 철사에 찔려 상처투성이에다 이제 아무도 데헷 곁에 다가오지 않게 되는 시간까지 자기만의 애도의 시간, 얌얌을 떠나보낼 준비를 하고 있었던 것은 아닐까 잠시 환기했다. 슬픔을 온전히 느끼고 새로운 관계를 받아들일 수 있는 심리적 작별의식의 상징이 철사 코끼리였다면 데헷에게 미안해진다.

 삶과 죽음, 기쁨과 상실은 동전의 양면처럼 서로를 비추고 있기에 의미롭게 다가오는 것이다. 고대 그리스 시대, 디오니소스 축제 기간 중에 비극 경연대회를 같이 여는 것은 축제의 즐거움과 비극적인 일들이 우리 삶에 따로 떨어져 있지 않으며 축제 기간의 비극 공연을 통해 생애 기쁨과 고통을 함께 통찰하는 시간으로 성찰하게 했다.

 데헷은 철사코끼리를 끌고 돌산을 넘어 삼촌의 대장간에서 온힘을 다해 철사 코끼리를 뜨거운 용광로에 밀어 넣었다. 삼촌은 철사 코끼리를 녹인 쇳물로 작은 종을 만들어주었다. 드디어 철사 코끼리에게 진짜 '안녕'을 고한 것이다. 이제 바람에 종소리가 들려오면 데헷은 얌얌이 곁에 있다고 믿는다. 데헷에게 슬픔을 녹여 종을 만들어 준 삼촌이 있어 다행이다.

 작가의 말처럼 '지금의 '안녕'이 우리가 다시 만났을 때 첫 인사가 되길 바라며.'로 고통스럽던 데헷의 애도기간이 끝나고, 새로운 관계를 위한 또 다른 단단한 걸음이 계속될 것을 알기에 마침표 다음엔 새싹처럼 다음 문장이 시작됨을 믿는다.

틈에서 씩씩하게 웃었다
『틈만 나면』 이순옥/길벗어린이

　장마가 끝나고 다시 불볕이 열을 올리고 있다. 몇 시간 단위로 안전 문자가 찍힌다. 야외 활동은 자제하고 가까운 무더위 쉼터를 이용하라는 말과 물도 자주 마셔서 온열질환을 예방하라고 친절하게 알려준다. 내가 일하는 카페는 저번 주에 잡초를 깨끗하게 정리했는데 물 만난 듯 폭염에도 불쑥불쑥 한 뼘이나 자라있다. 하지만 육신을 쓰고 사는 나는 밤낮으로 더우니 잠을 잘 수도 없고 오전부터 지치고 나른해진다.

　언제부터인가 잠을 잘못 자게 되었다. 미인은 잠꾸러기라는 광고가 횡횡할 때도 잠을 못 잤다. 한번은 수면유도제를 먹고 하루 꼬박 비몽사몽 하는 바람에 수면제는 엄두도 못 낸다.

　체력도 나쁘고 잠도 푹 못 자니 삶의 질이 낮을 수밖에 없다. 나름의 고안한 방법이 졸리면 자는 거다. 물론 잘 수 없는 상황엔 어쩔 수 없지만 틈만 나면 잔다. 다행히 쪽잠으로도 얼마간 개운함을 찾으니 그저 감사할 따름이다. '쪽잠'에 능숙해지고 능글맞아진 경험치는 '쪽 읽기', '쪽 걷기', '쪽 쓰기'로 진화해서 시간이 되는 만큼만 자고 읽고 걷되, 정성스럽고 촘촘하게 조급하지 않도록 노력한다.

　『틈만 나면』을 읽으며 본능적으로 '틈'과 '쪽'의 닮은꼴을 생각했다. '틈'과 '쪽'은 불완전하고 비어 있으나 그곳으로 햇빛과 여유, 생각할 또 다른 사유가 들어올 수 있는 가능성의 공간이며 작은 조각으로 느껴지는 '쪽'이야 말로 개별성의 단면이 모여 하나의 담론을 이루고 다양한 모습의 공동체를 떠올릴 수 있다.

작품은 아무도 돌보지 않는, 세상에서 '잡초', '풀', '들꽃'으로 불리는 여린 것들의 영토-틈-에 대한 이야기임과 동시에 구석에서 시작한 서사는 하늘로, 땅속으로, 광활한 우주로 뻗어 나가는 확장을 보여주고 있다.

'틈'은 사이에 존재하는 것이며 거리의 미학이다. 속도에도 틈은 존재하고 관계에서의 틈은 완벽한 일치가 아닌 개성의 존중으로 표현되기도 한다. 하여 틈은 결핍이 아니라 가능성이며 빛이 들어오는 곳 역시 벽이 아니라 틈이 아니던가.

언젠가 직장인들과 위 작품으로 독서 모임을 했다. '틈'에서 생명이 자라는 이야기를 함께 읽고 직장 동료들을 '틈'을 도마 위에 올려놓고 다양한 해석을 내놓았으니, 먼저 '틈이 있는 사람이 인간답다', '틈이 있는 사람은 허술해 보여 믿음이 안 간다.' '그래도 사람이 틈이 있어야 정이 간다.' 등 틈이 주는 느낌은 여유와 쉼, 느긋함 등 이었다.

작품 속, 틈을 비집고 들어 온 씨앗도, 햇살도, 바람과 몇 방울의 빗물도 모두 틈에서 제 할 일을 한 것 같다며 틈에서 자란 들꽃이 담을 넘어 노을이 스민 하늘을 향해 손가락 같은 가지를 뻗을 땐 세상을 움켜쥐는 것 같다고 황홀해 했다. 본인들이 퇴근 후에 만나 간단한 간식으로 저녁을 대신하며 틈을 내어 함께 읽고 자기의 모르던 '쪽'

을 찾아 공명하는 시간이 의미 있다는 얘기도 오갔다.

  아메리카 인디언들은 팔찌를 만들기 위해 끈으로 구슬을 꿸 때, 일부러 다른 모양의 구슬과 흠이 있는 구슬을 중간중간에 끼워 넣는다고 한다. 구슬이 모두 똑같으면 모양새는 완벽할지 몰라도 편안하지 않기 때문이란다. '완벽'이 주는 이미지는 아무래도 경직되었다는 뜻이리라. 하여, 인간적인 너무나 인간적인 사람이 사랑받는 특별한 존재가 되는 것은 틈이 주는 포상(褒賞)이 아닐까. 우리도 타인의 빈틈을 보고 종종 실수하는 사람에게서 편안함에 매료될 때가 있는데 아마도 사람의 본능이 작동하기 때문일 것이다.

  살아가면서 우리는 자신만의 행복과 고민, 염려와 남모르는 두려움, 사랑과 고통을 겪는다. 사람에게 닥친 문제 중에 3%만 자신의 힘으로 해결 가능하고 나머지는 시간이 지나면 해결되거나 아니면 어쩌지 못하는 일뿐이란다. 그런 삶에 따라오는 '틈' 속에 우리만의 이야기가 있고 그 틈을 깊이 바라보는 사람이 자기 삶의 창작자가 된다. 글 쓰는 재능이 없으면서도 글쓰기를 포기하지 못하는 것이 내 인생의 허술한 틈처럼 느껴지기도 한다. 어떻게든 좋은 글을 창작함으로 틈을 채우고 싶은데 너무 간절하고 무겁다 보니 자꾸만 힘이 들어가 마음만 조급해진다.

  어디에나 틈이 있다. 어디든, 벽이든 하수구 아래든, 창틀에라도 흙과 햇빛이 조금이라도 비치면 풀이 자란다. 돌보지 않은 공간, 소외된 자리에 자연은 생명을 심어 뿌리를 내리고 조밀한 틈 속을 유영하며 살아있음을 알린다.

쓸모와 관계없이 풀은 자기들이 어떻게 불리든 죽은 듯이 겨울을 나고, 봄 햇빛이 왔다 싶으면 세 계절을 살아내면서 문명이 그들의 땅을 만들어주지 않아도 틈만 있다면 어김없이 자리를 차지하고 뿌리를 내린다. 한 줌의 흙과 하늘만 있다면 자라는데 문제없다. 자보의 말로 '가성비 최고'의 생명이다.

풀꽃들의 치열한 생을 작가는 예리하고 따뜻한 시선으로 바라보았고 그녀의 연필은 바늘과 실이 되어 마음에 생긴 구멍 난 상처를 부끄럽지 않게 공그르기해서 감싸기해주는 기분이 들게 한다. 영혼의 빨간약을 바르고 가뿐하게 일어나 다시 세상을 향해 날아갈 수도 있을 것 같은 힘도 막 생기는 그림으로 가득 차 있다. 빈틈없이.

따뜻한 손끝으로, 찬찬한 정성으로 그렸을, 한 사람이 얼마나 온순하고 착해야 이렇게 아메리카노 위에 쏠트 크림을 얹어 쌉쌀하고 달달하고 짠한 맛까지 느끼게 해주는 걸까.

작품 어느 부분에서 위로와 격려를 받았는데 어딘지 모르겠다. '틈' 글자에서, 첫 장을 넘기면서부터 불안하던, 가지지 못해 억울했던 마음이 녹아내리기 시작한 것 같다. 어쩌지 못한 것에 안절부절 하지 않고, 내려놓을 용기가 생기고, 아무것도 할 수 없다면 거리를 두고 시간의 틈, 관계의 틈, 마음의 틈, 생각의 틈을 바둑돌처럼 조용하게 놓아보는 것이다.

틈에서 자라도 벽을 넘고 지붕을 타고 하늘로 오를 수 있다는 것을 틈에서 자란 풀에게서 배운다.

그래서 '틈'은 존재들 사이에 호흡과 가능성을 열어주는 '사이', 틈이 있어 다른 존재를 환대할 수 있고 쪽이 있어 각자의 목소리를 낼 수 있다. 틈은 비어 있음이 아니라 숨이 드나드는 숨길, 빛이 스며들어 바람이 노래하는 창문, 쪽은 잘려 나간 조각이 아니라 세상을 비추는 단면이다. 온전하지 않아도 충만하게 살 수 있는 힘을 틈과 쪽에서 값없이 얻는다.

에필로그

천일홍 여름

가뭄을 이길 만큼 더위에 잘 길들었답니다. 더 많은 꽃을 보시려면 꽃대 정리를 해주어야 해요, 사는 동안 정리는 가끔 필요하잖아요. 천 일 동안 색을 잃지 않는다고요? 잘 모르겠어요.

변치 말자 약속의 표시라는데 멀리서 보면 희극이지만 가까이서 보면 비극, 그럴 때마다 혼자 결연해지곤 하지요. 제가 잘하는 것은 불숨 속, 여름 햇살 꼿꼿하게 받아내며 자리를 지키는 거랍니다. 올해도 다시없이 더운 여름이라고 하는 군요 견뎌야죠, 제가 제일 잘하는 일인 걸요. 당신도 이 여름, 할 수 있는 일을 하세요, 시간이 영원히 반복, 재생된다 해도 부끄럽지 않을 일을.

배경은 그림책 서평

세상의 모든 나에게

발행일   2025년 10월 31일

지은이   배경은
펴낸곳   편백나무출판사
출판등록   2013. 7. 1.(제2013-000013호)
주소   충북 청주시 청원구 1순환로 335번길 47-1
전화번호   043)252-3137   팩스   0303-3447-3137

ⓒ 배경은 2025
ISBN 979-11-86977-51-4
값 13,000원

이 책은 2025년 충청북도, 충북문화재단 의 후원을 받아
예술창작활동지원사업의 일환으로 발간되었습니다.